마주 보는 한일사 Ⅱ

조선 시대~개항기

화해와 공존을 위한 첫걸음

마주 보는 한일사 Ⅱ

조선시대~개항기

전국역사교사모임 · 한국 ｜ 역사교육자협의회 · 일본

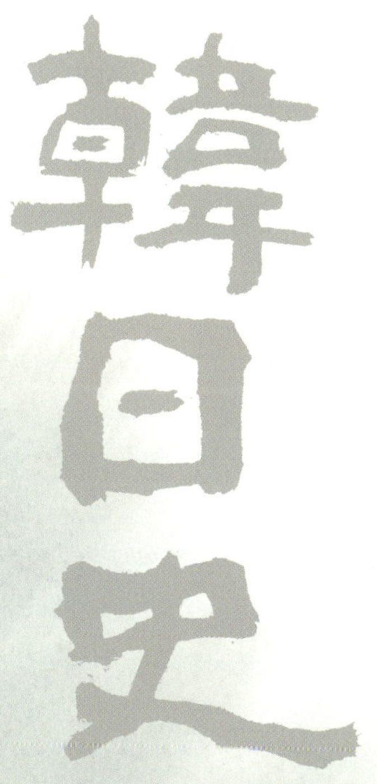

사계절

3부 양반과 무사의 시대

Contents

4부 새 시대를 향한 준비

일러 두기

1. 이 책은 한국의 (주)사계절출판사와 일본의 아오키 서점(靑木書店)에서 공동으로 출간됩니다.
   단, 양측의 사정을 고려하여 한국어판은 올컬러로, 일본어판은 단색으로 출간합니다.

2. 외국의 인명과 지명은 국립국어원의 외래어 표기법에 따라 표기하는 것을 원칙으로 했습니다.
   단, 중국의 인명과 지명은 모두 한국의 한자 발음에 따라 표기했습니다.

3. 인용한 자료의 소장처와 출처는 '자료 제공 및 출처'에 명시했습니다.

4. 일본의 나라 이름은 3세기 이전은 '왜', 3세기 후반에서 7세기까지는 '왜국',
   그리고 그 이후는 '일본'이라고 표기했습니다.

3부
양반과 무사의 시대

한국연표	중국연표	일본연표
	1368년 │ 원 멸망, 명 건국	
1389년 │ 박위, 쓰시마 정벌		
1392년 │ 조선 건국		1392년 │ 3대 장군 아시카가 요시미치, 둘로 분열된 천황가 통일
1394년 │ 한성 천도		
	1405 │ 명, 정화의 남해 원정 시작	
1443년 │ 훈민정음 창제		
		1467년 │ 전국 쟁란의 시대, 이후 약 120년간 각지에서 분쟁 지속
		1489년 │ 8대 장군 아시카가 요시마사, 긴카쿠지 건축
1501년 │ 이황 출생		
1536년 │ 이이 출생		
1543년 │ 백운동 서원 건립		
1555년 │ 을묘왜변		
		1573년 │ 오다 노부나가, 무로마치막부 멸망시킴
		1590년 │ 도요토미 히데요시, 전국 통일
1592년 │ 임진왜란		1592년 │ 도요토미 히데요시, 조선 침략 시작
1597년 │ 정유재란		1597년 │ 도요토미히데요시, 조선 재침략
		1603년 │ 도쿠가와 이에야스, 에도막부 건설
		1615년 │ 도쿠가와 정권, 도요토미가를 멸망시킴
	1616 │ 후금 건국	

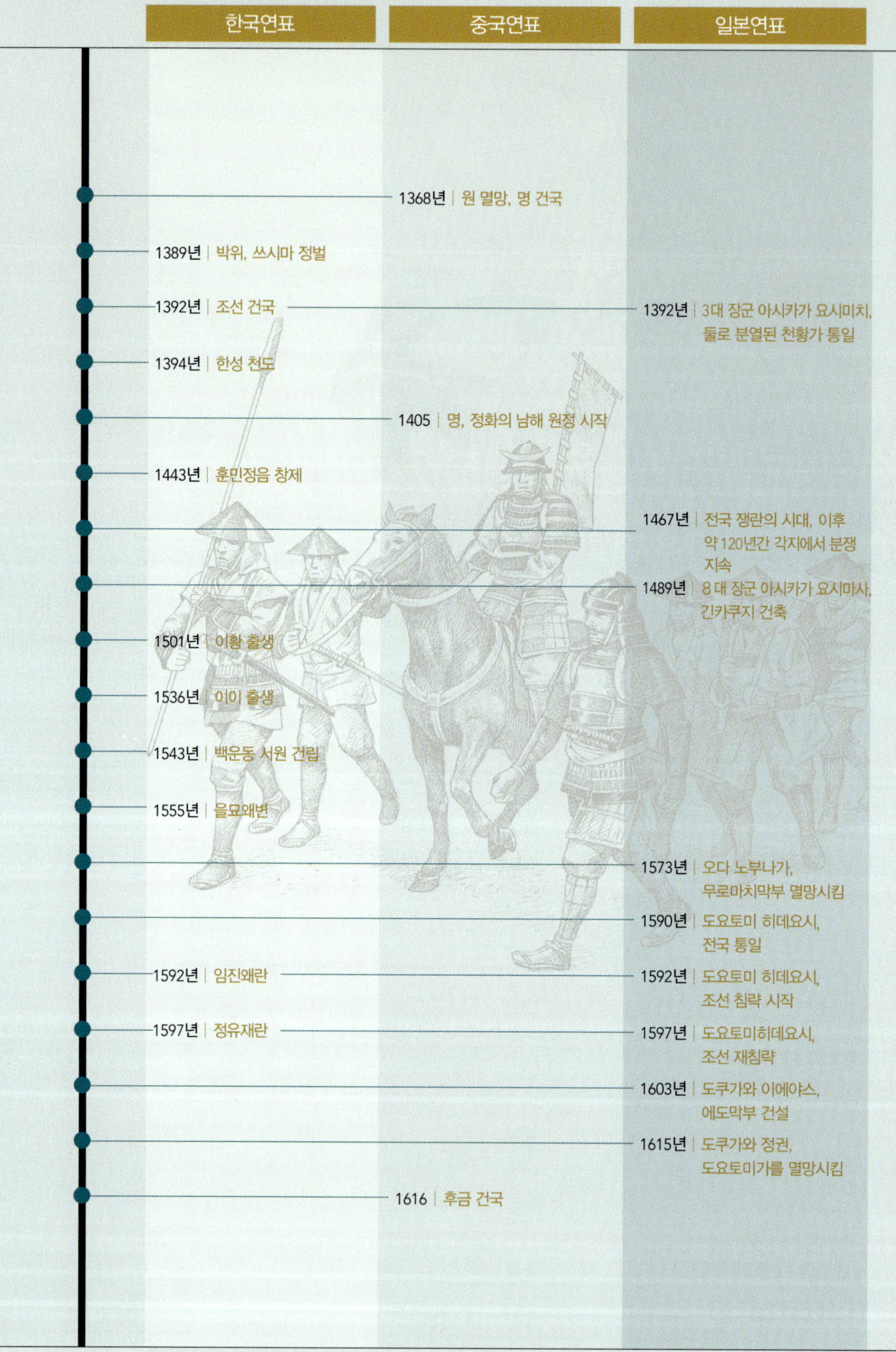

이성계는 왜구와 전투를 치르고 북방 변경을 방비하면서 고려 왕조에서 점차로 세력을 불려 나갔다. 이에 고려 왕조에 불만을 품었던 학자들이 모여들기 시작했다. 그들은 유학 중에서도 새로운 정치 철학인 성리학(주자학)을 배운 신흥 관리들로, 성리학을 국가 이념으로 하는 새로운 국가 질서를 만들고자 했다. 이들 세력을 배경으로 이성계는 1392년 왕위를 양위받는 형태로 왕조를 세우고, 명에 사신을 보내 명 황제의 인정을 받았다. 조선 왕조는 수도를 한성(지금의 서울)으로 옮겼다. 이후 15세기 중반에 한글이 창제되었으며, 조선의 독자적인 문화는 더욱 발전했다. 그러나 조선은 16세기 후반, 일본의 침략을 받아 큰 타격을 입게 된다.

1338년에 세워진 무로마치막부는 둘로 분열되어 있던 천황가를 1392년에 통일했다. 천황의 권력까지 흡수한 막부의 지배력은 전국에 이르게 되었다. 이 시대에 건축, 정원 등 독자적인 문화가 융성했다.

일본은 15세기 후반부터 100년에 걸친 전국시대로 돌입했다. 다이묘는 서로 다른 다이묘들과의 전투에서 이기려고 영내 산업과 경제를 발전시키는 데 온 힘을 기울였으며, 독자적인 법률을 만들었다. 더 나아가 유력한 가신이나 상공업자들이 모여 사는 영내 통치의 중심지 죠카마치를 만들었다.

　　　전국시대를 끝내고 1590년에 전국을 통일한 것은 도요토미 히데요시였다. 천황과 귀족 세력은 여전히 존재했지만, 이미 권력을 상실한 상태였다. 무가에 의한 지배가 확립되고, 새로운 질서가 만들어졌다. 도요토미 정권이 조선을 무리하게 침략하다 붕괴되자, 1600년에 도쿠가와 이에야스가 전국 지배권을 장악했다. 도쿠가와 이에야스는 1603년 에도막부를 열고, 도요토미 히데요시가 만든 질서를 바탕으로, 정권의 기반을 다지고 그 후 260여 년간 지배했다. 이 시대를 에도시대라고 한다.

　　　조선 왕조의 국가 이념은 성리학이었고, 고려시대인 958년부터 시행된 과거가 엄격하게 실시되고 있었다. 과거 시험의 결과에 따라 문반과 무반을 합쳐 양반이라고 불리는 관리가 왕족 혹은 그 친족들과 함께 지배계급이 되었다. 그리고 그들의 신분은 점차 고정화·세습화되어, 양반은 관직에 오를 수 있는 신분, 즉 지배계급 전체를 의미하는 신분이 되었다. 조선 왕조에서는 이 양반계급이 학문과 문화를 주도해 갔다. 한편 과거는 주로 고전이나 유학의 교양을 묻는 시험이었지만 성리학의 지식이 중시되었다. 그 결과 학파가 형성되었다. 양반은 각각의 학파로 나뉘었으며, 관리 자리를 놓고 각 학파가 다툼을 벌였다. 이로써 조선 사회는 양반 외에 한성에서 관리에 오를 수 있는 중인, 양민인 상민, 노비 등으로 나뉘어 신분에 근거한 지배가 행해졌다.

에도시대는 막부가 전국을 지배했지만, 유력한 다이묘의 자립성도 강해, 막부와 다이묘에 의한 이중 지배 체제였다. 다이묘가 지배하는 영역과 그 지배 조직을 번이라고 했는데, 다이묘는 번을 중심으로 각지에서 분립했고 각각 독립국처럼 존재했다. 도쿠가와 씨는 그런 다이묘와 주종 관계를 맺어 그들을 통제하고 전국을 지배했다. 이때 무사, 백성(주로 농민), 쵸닌, 피차별민의 신분이 확립되어 신분에 바탕을 둔 지배가 이루어졌다.

당시 일본 국가 전체의 영역은 현재와는 달랐다. 에조치는 홋카이도의 일부에 지나지 않았다. 현재의 오키나와 현도 류큐 왕국이었는데, 1609년 사쓰마 번의 지배하에 있으면서도 중국의 왕조에도 복속되어 조공 무역을 했던 독자적인 국가였다.

조선 사회를 움직인 성리학

조선은 성리학을 통치 이념으로 삼았다. 성리학은 어떤 학문이며, 이것이 조선 사회에 미친 영향은 무엇일까?

자리를 양보하는 문화

여름 한낮. 간간이 자리를 잡지 못한 사람들이 한두 명 서 있을 뿐, 지하철 안을 둘러볼 수 있는 한가로움까지 주던 날이었다. 사당역이었던가? 서둘러 지하철 안으로 들어선 20대 초반의 두 남녀는 몹시 지친 기색으로 이리저리 자리를 찾다 경로석에 눈길을 박았다. 잠깐 망설이던 두 사람은 경로석에 앉았고, 곧 소설 속의 연인들처럼 어깨를 가지런히 한 채 졸기 시작했다. 한 폭의 그림 같았다.

그런데 다음 역에서 그림이 깨졌다. 할아버지 한 분이 지팡이를 부여잡고 들어섰고, 얼결에 눈을 뜬 청년이 장군 앞에 선 사병처럼 벌떡 일어섰던 것이다. (2001년 8월 6일, 『한겨레』)

경로석이 노약자석으로 바뀌었지만 한국 젊은이들은 여전히 노약자석
이 비어 있어도 잘 앉지 않는다. 노약자석만이 아니라 일반석에서도 젊
은이들은 노인들에게 곧잘 자리를 양보한다. 옛날보다 다소 줄었지만 젊
은이는 아직도 나이가 많은 어른에게 자리를 양보하는 것을 당연한 것으
로 여긴다. 물론 일본 젊은이들도 노인에게 자리를 양보한다.

그런데 두 나라 젊은이들이 자리를 양보하는 이유가 조금 다른 것 같
다. 일본 젊은이들은 대체로 노인이 나보다 약자이기 때문에 자리를 양
보해야 한다고 생각한다. 반면 한국 젊은이들은 어른을 공경해야 한다는
생각으로 양보한다. 마치 장군 앞에 선 사병처럼 말이다. 이런 차이는 두
나라 사회에서 노인에 대한 인식이 다르기 때문이다. 얼마 전까지만 해
도 한국 지하철 노약자석이 경로석이었고, 한국 버스에는 지금도 경로석
이라고 쓰여 있는 것이 이를 보여준다. 한국을 찾은 외국인들이 한국의
젊은이들이 노인들에게 자리를 양보하는 것을 보고 인상적이라고 하는
것도 이 때문일 것이다.

한국 사회에서 노인을 공경하는 것이 독특한 문화라고 한다면 그 근
원은 어디에서 찾을 수 있을까? 먼저 생각해 볼 수 있는 것이 유교 문화
이다. 한국 사회에 유교 문화가 오랫동안 광범위하게 영향을 미칠 수 있
었던 것은 무엇보다도 조선 왕조가 성리학을 통치 이념으로 삼았기 때
문이다.

만물은 어떻게 태어나는가

유학은 기본적으로 인륜과 도덕으로 사회 질서를 세우려는 사상이다. 만약 인간이 도덕적이라면 사회 질서는 쉽게 지켜질 수 있을 것이다. 그런데 인간은 도덕적인가? 예로부터 인간 본성은 착하다는 주장과 나쁘다는 주장이 있었음을 생각해 보면 인간이 도덕적이라고 단정하기는 어려울 것 같다. 우리 주변을 둘러봐도 좋은 사람도 있고 그렇지 않는 사람도 있다.

그래서 유학은 어떻게 행동해야 올바른지, 그리고 함께 잘살 수 있는지를 끊임없이 강조하였다. 하지만 왜 도덕적인 행동을 해야 하는지 그 까닭에 대하여 깊이 있는 의문을 품지는 않았다. 그 의문에 대한 근본적인 논의는 중국 송대 때 이루어졌다. 이 시기의 유학을 성리학이라 부른다. 먼저 성리학자들은 인간을 어떤 존재로 보는지 알아보자.

성리학의 우주론이라고 할 수 있는 『태극도설』은 만물의 탄생을 이렇게 설명하고 있다.

> 언제 만들어졌는지 알 수 없고 또 그 끝을 알 수 없는 우주를 태극이라 한다. 이 태극에서 음과 양이 생겨났다. 그 음과 양이 서로 합쳐지고 변하면서 우주에는 오행(五行 : 물, 불, 나무, 쇠, 흙)이라는 다섯 가지의 성질이 생긴다. 우주에 오행이 퍼져서 네 계절이 나타나는데, 불(火)의 성질이 강해지면 여름이 되고 물(水)의 성질이 강하면 겨울이 된다. 또 음양과 오행이 서로 뭉쳐지고 변하면서 하늘이 되고 땅이 된다. 하늘과 땅이 서로 작용하여 끊임없이 만물을 낳는다. 이렇게 태어난 만물 가운데 인간이 가장 빼어났다.

이 『태극도설』을 바탕으로 성리학자들은 더욱 정교한 이론 체계를 세웠다. 성리학자들은 만물을 만든 음양오행을 기(氣)라고 하면서 새로이 이(理)라는 개념을 만들었다.

설계도면과 건축재료

이는 무엇이고 기는 무엇일까? 이와 기를 건물에 비유해 보자. 건물을 지으려면 먼저 철근, 모래, 자갈, 유리 등등 온갖 재료를 준비해 놓고, 이를 설계도면에 따라 짓는다. 설계도면이 이(理)라면 건물과 재료는 기(氣)이다. 건물 속에 설계도면이 깃들어 있듯이 만물에도 이는 늘 함께 있다.

성리학자들은 기가 뭉치면 산, 나무, 짐승, 사람 등 사물이 되고, 기가 흩어지면 사물이 없어진다고 보았다. 그런데 기로 뭉쳐진 사물은 형태와 성질이 모두 다른 까닭은 무엇일까? 그것은 『태극도설』에서 살펴보았듯이 기에는 맑은 기와 흐린 기, 무거운 기와 가벼운 기가 있기 때문이다. 그런데 이 기가 만물을 만들 때는 어떤 규칙과 질서가 있다. 만물이 그렇게 있도록 하는 이유, 근거, 원리가 이이다. 그런 점에서 이는 '자연법칙'과 비슷하다고 볼 수 있다.

결국 만물은 이 '자연법칙', 즉 이에 따라 만들어진다. 마치 설계도면을 보고 건물을 짓듯이 말이다. 따라서 만물 속에는 '자연법칙'인 이가 깃들어 있다. 그것을 달로 비유해 보자. 하늘에 보름달이 떠 있다고 할 때 강물에도 호수에도 바다에도 보름달이 비친다. 장소는 다르지만 하늘

의 보름달과 물 위의 보름달은 모양이 똑같다. 이처럼 하늘의 이는 만물
에 깃든 이와 같은 것이다.

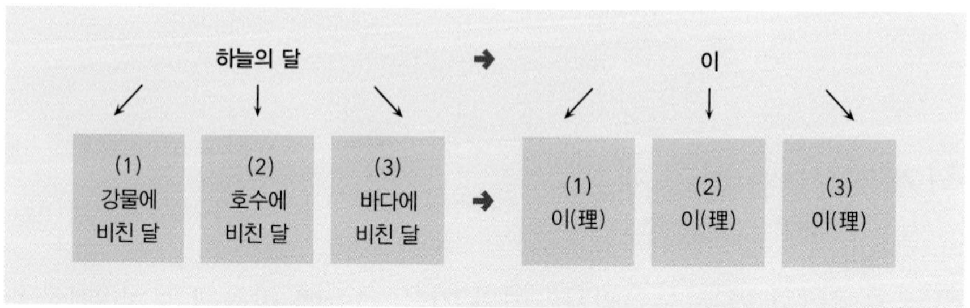

인간이 하늘처럼 살려면

인간은 만물 가운데 가장 빼어난 존재이다. 가장 맑고 순수한 기를 받았
기 때문이다. 하지만 모두가 순수하고 착한 것은 아니다. 어떤 사람은 진
실하고 어떤 사람은 그렇지 못하다. 왜 그럴까? 그것은 각기 형체를 이
룬 기가 다르기 때문이다. 비록 인간은 다른 동식물에 비해 빼어난 기를
받았지만, 인간 안에서 서로 차이가 있는 셈이다.

여기서 이가 인간의 마음에 자리잡은 본성과 달리, 기가 인간의 본능
에 작용한 것을 기질이라고 한다. 인간이 순수한 본성에 따라 행동하면
착할 것이지만, 기질에 따라 행동하면 악으로 흐를 가능성이 높다. 이처
럼 각기 다른 성격을 가진 인간들이 조화롭게 살아가려면 어떻게 해야
할까?

그것은 하늘이 부여한 본성대로 살아간다면 가능할 것이다. 그렇다면

● **자료 1.** 천 원권 지폐 인물 초상의 주인공 이황

인간은 어떻게 본성대로 살아갈 수 있을까? 인간의 욕망에 물들어 있는 기질을 순화하고 순수한 본성이 드러나게 해야 한다. 이를 위해서 우리 마음속에 있는 하늘의 이치를 확실히 알고 마음속의 욕심을 없애기 위해 늘 조심하고 삼가야 한다.

  사회와 국가를 위해서 이러한 수양이 가장 필요한 사람은 누굴까. 두 말할 것도 없이 임금이다. 특히 조선시대 성리학자들은 이를 강조하였다. 나라를 안정시키고 백성이 조화롭게 사는 데 임금의 자질보다 중요한 것이 없으므로, 임금은 항상 학문을 익히고 수양을 해야 한다. 이를 위해 세자 때는 물론이고 임금이 된 뒤에도 신하들과 함께 공부를 하였다. 조선 왕조를 대표하는 성리학자 이황_{자료 1}은 임금의 공부를 돕기 위해 성리학의 핵심을 그림과 함께 정리한 『성학십도』를 선조에게 올렸다.

후세 임금들은 천명을 받아 임금의 자리에 오른 만큼 그 책임이 지극히 무겁고 지극히 크지만, 자신을 다스리는 도구는 하나도 갖추어지지 않았습니다.

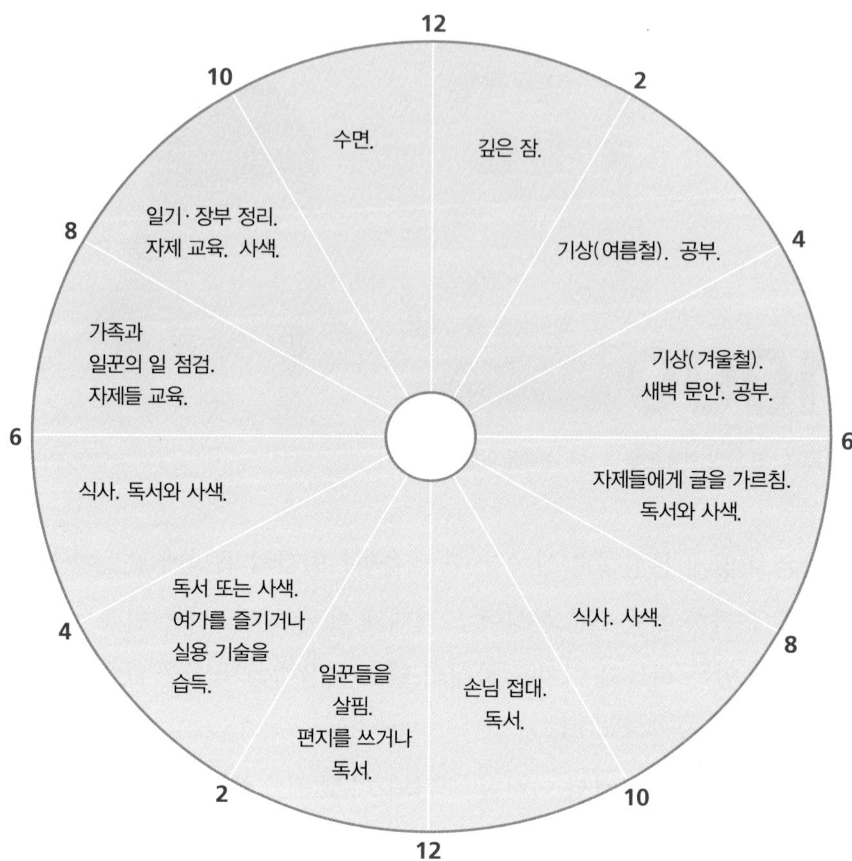

● **자료 2.** 조선 선비의 하루

왕이라는 높은 자리는 만백성이 떠받드는 자리인데 스스로 성인인 체하고 오만하고 방종하니, 마침내 어지럽게 되어 멸망하게 되는 것 또한 어찌 이상한 일이겠습니까? … 바라옵건대 밝으신 임금께서는 이러한 이치를 깊이 살피시어, 먼저 뜻을 세워 "순 임금은 어떤 사람이고 나는 어떤 사람인가? 노력하면 나도 순 임금처럼 될 수 있다"고 생각하십시오. (『성학십도』)

이황은 임금이란 높고 중요한 자리이므로 많은 공부를 통해서 수양을

● 자료 3. 오천 원권 지폐 인물 초상의 주인공 이이

쌓아야 한다고 주장하였다. 그렇다면 선비들은 어떠했을까? 19세기 후반에 지은 생활 지침을 통해 선비의 하루를 보자. 자료 2

선비는 독서와 사색, 집안 관리로 하루 일과가 짜여졌다. 독서와 사색을 이처럼 중시한 것은 하늘에서 부여받은 본성을 드러낼 수 있는 방법이기 때문이다.

그러면 어린이들은 어떠했을까? 이황과 쌍벽을 이루는 성리학자 이이 자료 3는 어린이들은 모름지기 성인을 목표로 삼아 공부해야 한다고 당부하고 있다.

처음 배우는 사람은 모름지기 뜻을 세우되, 반드시 성인(聖人)이 되겠다고 스스로 기약하여, 털끝만큼이라도 자신을 보잘것없다고 여겨서 핑계 대려는 생각을 가져서는 안 된다. 보통사람이나 성인이나 그 본성은 마찬가지이다. 비록 기질은 맑고 흐림과 순수하고 잡됨의 차이가 없을 수 없다. 그러나 참되게 알고 실천하여, 옛날에 물든 나쁜 습관을 버리고 그 본성의 첫 모습을 회

복한다면 진실로 온갖 선이 갖추어질 것이다. 보통사람이 어찌 성인을 스스로 기약하지 않을 수 있겠는가. (『격몽요결』)

성인은 순 임금이나 공자처럼 유학자들이 이상적으로 생각하는 인간이다. 성인과 보통사람은 하늘에서 똑같은 본성을 받아 태어났다. 다만 성인은 부여받은 본성대로 산 사람이고, 보통사람은 그렇지 못한 차이가 있을 뿐이다. 따라서 보통사람도 끊임없이 노력하여 잃어버린 본성을 되찾으면 성인이 될 수 있는 것이다.

예의를 모르면 짐승과 같다는데

이런 착한 본성을 현실 사회에서 구현하는 방법이 바로 예(禮)이다. 유교 경전 가운데 하나인 『예기(禮記)』는 예를 이렇게 설명하고 있다.

> 사람에게 예가 있으면 편안하고 없으면 위태롭다. 고로 예는 배우지 않을 수 없다. 예라는 것은 자신을 낮추고 남을 존중하는 것이다. 비록 천한 사람이라 할지라도 반드시 존중받아야 한다. 하물며 부귀한 사람에 있어서랴. 부귀를 누리면서 예를 좋아하면 교만하고 음탕하지 않을 것이며, 가난하고 지위가 낮아도 예를 좋아하면 마음에 겁냄이 없을 것이다. (『예기』)

예는 마음속의 본성을 드러내는 것이며, 예를 벗어나 사물의 이치를 이해하고 도덕적인 행위를 하는 것은 불가능하다. 조선시대 성리학자들이 그토록 예를 강조한 것은 바로 이 때문이다. 성리학자들은 이런 ‘예’

● **자료 4.** 관혼상제(① 관례, ② 혼례, ③ 상례, ④ 제례)

의 정신에 따라 제도와 격식을 만들었고 생활 속에서 실천하려고 하였다. 관례·혼례·상례·제례는 물론 먹고 입고 앉고 일어나며 나아가고 물러나는 모든 행동거지까지 '예'로 규정한 것이다. **자료 4**

처음에는 양반만이 예를 지켰다. 그런데 조선 후기에 이르면 경제력이 나아지고 신분 변동이 일어나면서 많은 평민들이 양반이 되었다. 신분을 상승시킨 이들이 양반의 행세를 하려면 예를 알아야 했다. 관·혼·상·제에서 정해진 의례를 따라야 하고, 일상생활에서도 예를 따라야 했다. 그렇게 하지 않으면 양반이라고 인정해 주지 않았다. 이렇게 하여 임금부터 일반 백성까지 모두 예를 중시하게 되었다.

● **자료 5.** 길을 가던 상민이 양반을 만나 허리 굽혀 인사를 하고 있다

좋은 사람과 나쁜 사람이 함께 살려면

이처럼 본성이 드러나도록 수양하면서 예를 지키면 사회가 조화롭게 될
수 있을까? 그렇지는 않은 듯하다. 수양을 통해 본성대로 살아가는 선한
사람이 있는가 하면, 기질에 이끌려 선한 것과는 거리가 먼 삶을 사는
사람도 있기 때문이다. 그렇다면 어떻게 해야 할까?

유교에서는 하늘이 부여한 본성을 그대로 실현하는 사람을 군자라고
하고, 자신의 기질대로 사는 사람을 소인이라고 한다. 군자와 소인이 함
께 살아가기 위해서 군자가 소인을 이끌어 주어야 한다. 군자는 군자다
워서 소인의 모범이 되어야 하고, 소인은 스스로 소인임을 깨닫고 군자

의 가르침을 받아들여야 한다. 이 논리를 확대하면 임금은 임금답고 신하는 신하다워야 하며, 부모는 부모답고 자식은 자식다워야 한다. 즉 자신이 타고난 분수를 지켜야 하는 것이다.

이러한 논리는 조선시대 양반과 평민의 신분 구조에 그대로 투영되어 있다. 군자가 양반이라면 소인은 평민이다. 양반은 평민을 잘 이끌어야 하고, 상민은 양반의 가르침을 따라야 한다. 양반과 상민이 우연히 길에서 마주친다면 자료 5처럼 행동해야 한다. 만약 양반이 양반답지 못하고, 평민이 평민답지 못한 행동을 한다면 사회는 혼란에 빠져버릴 것이기 때문이다.

이렇게 조선시대 양반들은 성리학의 사상 체계를 사회에 적용하여 조선을 이끌어갔다. 조선이 멸망한 지 100여 년이 지난 지금도 부분적으로 그 흔적을 찾아볼 수 있다.

무사의 사회와 유교

일본 중세 무사 사회에서 많은 사람들은 전란에서 살아남기 위하여 불교를 받아들였다. 그러나 평화로운 에도시대로 들어서면서 사회 질서를 유지하기 위하여 유교를 주목하게 되었다. 유교는 에도시대에 어떻게 받아들여졌을까?

일본의 유교

한일교류가 진전되면서 일본 방송이나 여행사들은 '한국 = 유교의 나라'라는 생각을 갖게 만들고 있다. '한국 젊은이들은 예의바르다. 손위 사람을 존경하여 자리를 양보한다.' '부모나 어른들 앞에서 담배를 피우지 않는 태도는 본받아야 한다.' '부모와 자식 사이에 예의가 있고 어른과 아이 사이에 분명한 질서가 있다. 과연 동방예의지국이며 유교의 나라이다.' 그런데 일본도 예의를 중요하게 여기기 때문에 한국과 일본은 똑같은 유교 문화를 가진 나라라고 생각하는 듯하다.

한국과 일본이 같은 유교 문화권이라는 생각을 하게 만드는 사례가 또

● **자료 1.** 공자를 모신 도쿄 유시마 성당의 대성전

● **자료 2.** 성균관대학교의 대성전

있다. 도쿄 JR 오차노미즈 역 부근에 있는 유시마 성당에는 공자를 모시는 대성전자료 1이 있다. 한국의 성균관대학교에도 공자를 모신 대성전자료 2이 있다. 게다가 지금 일본에서는 유시마 성당 이외에 에도시대에 각 번에서 세운 학교에 공자묘가 12곳이나 남아 있다. 공자묘가 있다는 점에서 한국과 일본은 같은 유교의 나라라고 생각할 수도 있지만 실제로는 큰 차이가 있다. 고대 · 중세의 일본에서 유교를 어떻게 받아들였는지 알아보자.

일본 유교의 역사

『일본서기』의 전설에 따르면 백제의 왕인이 유교 경전인 『논어』를 왜국에 전했다고 한다. 실제로 유교는 도래인 사이에서 전해졌다고 생각된다. 701년 다이호 율령이 시행되면서 관료의 양성기관인 대학에 유학과가 개설되었다. 귀족들은 여기에서 유교 고전을 배우며 유교적 교양을 높였다. 그러나 일본에서는 과거 시험과 같이 시험 성적으로 관료를 임용하는 제도는 없었다. 이 때문에 일본 유교는 과거를 실시하였던 조선이나 중국과 다르게 발전하였다.

9세기가 되면서 조정은 유교 사상을 민중에게도 퍼뜨리려고 효자와 절개가 굳은 여성 등을 표창했지만 성과는 그다지 크지 않았다. 대학에서도 유교보다는 한시 문장을 중요시하였다. 10세기부터 대학(료)의 박사 등 교관직이 세습화되어 유교 박사의 지위는 특정 귀족 가문에 계승되었다. 동시에 유교 고전에 대한 독창적인 해석이 이루어지지 않은 탓에 학문은 보수적으로 변했다.

12세기부터는 송에서 신유학(주자학) 관련 서적이 상인을 통하여 일본에 들어와 선종 승려들에게 퍼졌다. 선종 승려들이 주자학을 배운 까닭은 선종과 유교가 일치하는지, 선종과 유교 가운데 어느 쪽이 더 뛰어난지 등의 과제를 해결하기 위해서였다. 중국과 일본의 선종 승려들이 서로 자주 왕래하게 되자, 가마쿠라와 교토에 있는 5산(산문)에는 불교와 유교에 관한 서적이 수없이 쌓여갔다. 이들 5산은 한시 문장을 중시하였기 때문에, 선종에 입문하려는 자들은 한시를 짓는 시험을 봐야 할 정도였다.

중세에는 정치가 불안하고 사회변동이 무척 심했기 때문에 정치 지침이나 정신적 지주를 유교에서 찾으려는 무사도 있었다. 전국 다이묘들 중에는 오랫동안 전란이 지속되던 교토에서 선종 승려를 초대하여 가신들에게 유교 강의를 듣게 하는 사람도 있었다. 이렇게 하여 유교가 조금씩 지방에 보급되기 시작하였다.

조선에서는 양반 자제를 교육시키는 최고학부로 성균관이 있었다. 중등 교육기관으로 서울에는 중학, 서학, 동학, 남학 등 4부학당을 두고 지방에는 군마다 향교를 두었다. 여기에서 이들은 과거 시험을 준비하고 유교 교양을 몸에 익혔다. 향교에 입학하기 위해서는 초등 교육기관인 서당을 거쳤다. 일본과 사뭇 달랐다.

에도시대의 주자학 도입

16세기 후반 전국적인 전쟁이 마무리되었다. 쇼군이나 다이묘들은 교양과 정치 지침으로 유교를 배우려 하였다. 무사나 쵸닌도 일상 도덕으로 유교를 배우려 하였다. 에도시대 전기 무사들이 어떻게 주자학을 받아들였는지 후지와라 세이카, 하야시 라잔, 야마자키 안사이를 통해 살펴보자.

에도시대 처음으로 일본 주자학을 연 사람은 후지와라 세이카이다. 1561년 효고 현에서 가마쿠라시대부터 일본 고유시로 유명한 레이제이 가문에 태어난 세이카는 일고여덟 살 무렵 불교에 입문하였다. 지방 호족에게 습격을 받아 아버지와 형이 싸우다 죽은 18살 무렵 교토로 가 소코쿠지(相國寺)에서 선학을 배웠다. 소코쿠지는 교토 5산의 중심 사찰이었다. 전국시대에는 창조적인 정신을 잃고 난해한 어구에 집착하게 되었다. 30살 무렵 점차 유학에 매료된 세이카는 1596년 직접 중국에 가서 주자학을 배우려 가고시마 현에서 배를 탔지만 폭풍우를 만나 실패했다.

그 뒤 교토에 돌아와 유교에 전념하여 고전 주석서를 쓰면서 유학자가 될 수 있다는 확신을 갖게 되었다. 때마침 임진왜란으로 일본에 끌려온 성리학자 강항을 교토에서 만나, 과거 시험, 공자 제사, 국왕에 대한 유교 강의 등을 듣고 유교의 정치적 역할과 주자학에 대해 깊이 이해하게 되었다.

세이카는 1600년 교토에 온 도쿠가와 이에야스를 만날 때 승려 복장이 아닌 중국 제후 복장을 하였다. 이는 승려를 그만두고 유학자로서 살겠다는 선언이었다. 그 뒤 하야시 라잔을 비롯하여 많은 제자를 길러내고, 다이묘나 천황까지 그에게서 유학을 배우겠다고 할 정도가 되었다.

1614년에는 제자인 하야시 라잔이 앞장서서 막부가 교토에 세우려 했던 학교의 교장으로 세이카를 추천하였지만 거절하였다. 교토 교외 산장에서 유학자이자 전통 시인으로 살던 세이카는 1619년 58세로 죽었다.

세이카는 중국이나 조선 학자와 비교하면 독창적이지는 않았지만, 유교 고전을 주자학의 입장에서 해석해서 발표하였다. 중세 일본에서 학문은 학자의 가문에 비밀스럽게 전해오는 것이었다. 그런데 세이카는 그것을 공개하여 자유롭게 학문을 연구했던 것이다. 그런 점에서 그는 근세 유학을 연 시조라고 할 수 있다. 그는 주자학을 중심으로 하면서도 양명학이 가진 장점을 인정하였고, 가문의 전통을 이어 『일본서기(日本書紀)』, 『만요슈(万葉集)』 등 일본의 고전과 고대시까지 연구하였다. 에도 시대 유학은 이에 힘입어 기초가 마련되었다고 하겠다.

후지와라 세이카의 제자였던 하야시 라잔은 1583년에 교토에서 태어났다. 1596년 교토 겐닌지에 들어가 선종 승려에게 배웠지만, 출가는 하지 않고 2년 만에 집에 돌아왔다. 그러다 점점 주자학에 관심을 갖게 되어 1604년 21살 때 후지와라 세이카의 제자가 되었다. 그는 이때 이미 440여 권의 책을 쓴 뒤였다. 그가 낸 책에는 유교 외에도 역사책, 지리책, 병서, 한방학 등이 들어 있었다.

22~23살 무렵 라잔은 교토 거리에서 공개적으로 『논어』를 가르쳤다. 집안 대대로 유학을 전수한 기요하라 가문이 이를 금지해 달라고 막부에 요청했지만, 도쿠가와 이에야스는 웃으며 받아들이지 않았다. 학문과 정치를 결합하는 것을 목표로 삼은 라잔은 도쿠가와 이에야스와 아들 히데타다를 잇달아 만났다. 그러고 나서 곧 뛰어난 학식을 인정받아 1607년부터 승려 신분으로 개인 교수가 되어 이에야스, 히데타다, 이에미쓰, 이

에쓰나 등 4대에 걸쳐 쇼군을 모셨다. 고서의 조사와 수집, 조선 통신사 응접, 외교문서 기초 등 학문과 예의에 관해 쇼군의 개인 가정교사 구실을 한 셈이다.

라잔은 주자학을 신봉한 나머지 양명학은 물론이고 불교도 배척하자고 주장하였다. 그러나 승려 신분으로 최고 지위에 오른 라잔이 불교를 배척하자고 주장하는 것은 언행 불일치라며 양명학자인 나카에 도주 등에게 비판을 받았다. 라잔의 학문이 막부에서 높게 평가되면서, 유학자의 사회적 지위가 나아지고 유학이 크게 보급되었다. 그러나 유학은 사상적으로 쇼군이나 막부 정치에 영향을 끼치지는 못했다고 한다. 학문과 정치의 결합이 일본에서는 이루어지지 못한 것이다.

라잔은 1630년 에도 우에노에 집을 짓고 막부의 원조로 서고와 학교를 세워 제자들을 교육하기 시작하였다. 아이치 현 번주의 원조로 공자묘도 세웠다. 학교엔 해마다 평균 5~6명이 들어왔고 기숙하는 학생은 30여 명이었다. 통학한 학생 수는 명확하지 않다. 학과목은 유교 고전, 역사, 한시 문장, 고전 등이었다. 그러나 에도막부는 처음부터 하타모토와 고케닌 등 공직에 있는 사람들을 교육시키거나 주자학을 공인 학문으로 삼을 생각이 없었다. 라잔의 지위도 에도막부에서는 낮았다. 에도 성 안에 서고가 주어졌지만 1655년 화재로 서고와 장서가 모두 소실되었고, 이에 낙담한 라잔은 화재 발생 4일 만에 75살의 나이로 병사하였다.

1690년 에도막부는 유시마로 공자묘를 옮긴 뒤, 여기에 쇼군 도쿠가와 쓰네요시가 직접 쓴 '대성전'이라는 현판을 걸고 유시마 성당이라는 이름을 붙었다. 유시마 성당은 1797년에는 막부 직할로 운영되는 쇼 헤이자카 학교로 불리었으며 하타모토, 고케닌의 자제를 교육시키는 기관이 되었다.

야마자키 안사이는 1618년 교토에서 태어났다. 막내로 개구쟁이였던 안사이는 히에잔이나 묘신지에서 수행을 하다 재능을 인정받고 고치 현에 있는 절에서 유학을 배웠다. 25살 무렵에는 주자학을 배워 불교를 비판했으며 교토로 와 환속했다. 30살이 되자 그는 주자의 불교 비판 논문을 모아 한 권으로 정리하여 주자학의 입장에 설 것을 주장했다. 그는 주자학이란 먼저 알고 연구해야 실천할 수 있다고 주장하며 38살 때는 교토에서 강좌를 열어 제자들을 교육하였다.

그 뒤에도 안사이는 에도와 교토를 오가며 강의와 저술에 몰두했다. 47살 무렵 그는 후쿠시마 현 다이묘의 초대를 받아 7년간 이곳에서 후하게 대우를 받고 명성도 높아졌다. 53살 무렵에는 당시 아이즈 번주의 영향에 힘입어 이세 신궁에서 신도를 배워, 스이카신토(垂加神道)를 주장하였다. 스이카는 안사이의 호로, 이세의 신이 지상에 내려와 사람들을 돕고 지켜 준다는 것으로, 주자학의 이론으로 신도를 설명하였다. 그는 마지막 10년 동안 교토에서 강의와 저술에 전념하다가 1682년 64살로 병사하였다.

안사이의 학문적 특색은 첫째, 에도시대 초기에 일본에 들어온 명대 말기의 주자학을 송대의 모습으로 복원하고, 그것을 속어를 섞어 일본어로 쉽게 해설, 강의한 것이었다. 둘째, 유교와 주자학에 포함된 혁명사상을 부정하고, 자신이 소속된 번이나 나라와 민족을 의식하여 군신관계를 절대화하는 일본적인 주자학이 되었다는 것이다.

일본 주자학과 무사도

후지와라 세이카와 하야시 라잔의 주자학은 군주 개인을 대상으로 하였고, 야마자키 안사이나 나카에 도주의 주자학은 많은 가신들과 서민들이 개인적으로 수양을 목표로 삼았다. 강의라는 교육 형식도 불교 설법에서 유래하였다. 개인의 마음 수양에 중점을 둔 안사이의 주자학은 '무사도'를 성립시키는 길을 열었다.

안사이 등 일본 주자학자들은 다음과 같이 생각하였다. 농민은 농사를 짓고, 기술자는 물건을 만들며, 상인은 장사하여 이익을 얻는다. 무사는 농사짓지도, 만들지도, 팔지도 않는데 어떻게 살아갈 수 있는 걸까? 답은 조상 대대로 무사 가문에서 태어나 봉록을 받을 수 있기 때문이다. 이것이 가능한 까닭은 무엇일까? 농민이나 기술자나 상인은 각각 해야 할 일이 있어 바쁘다. 따라서 무사들이 인간으로서 바르게 살아가는 모습을 보여주지 않으면 이 사회는 정치적으로 도덕적으로 질서를 유지할 수 없다.

18세기 무렵부터 나온 무사도에 관한 책들은 무사들이 살아가는 방법을 설명하고 있다. 예를 들어 전장에 임하는 무사의 마음가짐은 어때야 하는지를 설명하고, 군주에게 받은 신분상의 특권을 은혜롭게 받아들일 것 등을 주장하는 식이다. 무사는 덕을 열심히 닦아 마음을 다해 군주를 받들어 사람들에게 도덕적으로 모범을 보여야 한다. 재능을 길러 큰 공적을 쌓아 군주의 은혜에 보답해야 한다. 이것이야말로 아무런 존재 가치도 없는 것처럼 보이는 무사가 존재하는 의의이다. 이처럼 무사도는 사실 공리적인 계산과 입신 출신주의와 밀접한 관련을 맺고 있다.

양명학과 고문사학의 도입

나카에 도주는 1608년 시가 현에서 태어났다. 양아버지와 함께 에히메 현 오즈에 가서 15살 때 군청 관리직을 이어받았다. 17살 때 교토에서 온 선종 승려의 『논어』 강의를 듣고 유교에 뜻을 두고 혼자서 주자학을 배웠다. 그는 24살 때 하야시 라잔이 박식하다는 이유로 막부에서 일하며 승려 지위에 안주하고 있는 태도를 '말하는 앵무새'와 같다며 라잔의 언행 불일치를 준엄하게 비판하였다. 1634년 도주는 27살 때 고향에 사는 어머니에게 효도하며 지병인 천식을 치료하기 위하여 퇴직원을 제출하였다. 허가를 받지 않은 채 무사 신분을 버리고 고향인 시가 현으로 돌아왔다.

고향에 돌아온 도주는 술을 팔고 쌀을 꾸어 주며 근근이 먹고 살면서 학문에 전념하였다. 생활과 떨어진 학문이 아닌 생활하는 사람으로 유교 사상을 받아들이려 했던 것이다. 30살에 주자학 예법을 엄하게 지키기 위해 결혼을 하였다. 그러나 이후 형식적인 예법의 실천을 고집하는 관습주의와 이익을 추구하는 입신 출세주의는 무사들이 신분을 대대로 세습하는 데에서 나온 도덕의 퇴폐라고 보고, 형식보다 정신을 중요시 여기게 되었다. 학문을 하는 이유는 구체적인 조건에 따라 성실하게 행동할 수 있는 자주적 비판 능력을 갖는 것이라 보고 자유로운 도덕 사상을 주장한 것이다. 이는 주자학 도덕 사상을 일본 사회에 적응시키려는 노력의 결과로 평가되고 있다.

37살 때 도주는 명 철학자 왕양명 전집을 읽고 양명학을 믿게 되었다. 그 뒤 지식과 행위는 같아야 한다는 양명학의 입장에서 저작을 발표하였기 때문에 일본 양명학의 시조로 불리고 있다. 그러나 그의 양명학이 독창적이라고 하기는 어려웠다. 예를 들어 만년에 쓴 여성을 위한 교훈서 내용이 대부분 중국 책을 인용하고 있어 일본 현실에 걸맞지 않았다. 1648년 그는 40살 나이로 사망했다.

도주는 유교와 의학 교육에 힘써 오카야마 번주의 존경을 받았다. 에도시대 후기에는 '시가 현의 성인'으로 불렸고, 메이지 이후에는 모범적인 효자로 도덕 교과서에 실리기도 하였다.

오규 소라이는 1666년에 에도에서 태어났다. 14살에서 25살까지는 아버지가 근신을 명령받아 치바 현 모바라에서 생활하였다. 에도에 돌아온 뒤, 소라이는 개인 학교를 열고 주자학을 강의하였다. 소라이에 관해 전해지는 이야기 가운데에는, 생활이 너무 어려워 비지를 먹으면서 목숨을 이어갔다는 일화가 널리 알려져 있다. 이 즈음 소라이는 일본에서 같

은 뜻을 가진 다른 한자 '예를 들어 '시즈카(しずか)'를 훈(訓)으로 읽으면 한(閑)과 정(靜)이 되는 것' 2434자를 349쪽에 실어 해설한 책을 썼다. 이 책이 아주 유명한 문장으로 인식되어 쇼군의 측근이었던 야마나시 현 번주 야나기사와 요시야스를 모시게 되었다. 이후로 쇼군 도쿠가와 쓰나요시에게 자주 강의를 했고, 야나기사와의 가신들도 제자로 들어왔다.

43살 때 소라이는 에도 니혼바시에 개인 학교를 세우고 봉록을 받으면서 학문에 전념할 수 있게 되었다. 이 덕분에 많은 책들을 쓰고 1728년 62살 나이에 사망하였다. 만년의 저서 『세단(政談)』은 쇼군 도쿠가와 요시무네의 질문에 답한 막부 정치의 개혁안이었다.

소라이의 학문은 고문사학이라고 불린다. 소라이는 우연히 중국 고문시(古文詩)를 보고 송을 모방하는 학풍을 비판하면서, 산문은 당송 시대의 해석이 아닌 진한 시대로, 시문은 송시가 아닌 당의 이백, 두보 시대로 돌아가야 하고, 옛사람들이 사용하던 수려한 문장과 말을 현대 시문으로 표현하여야 한다고 주장하였다. 그는 이 주장을 단순하게 한시 문장뿐 아니라 학문 전체에 실증을 중시하는 연구 방법으로 넓혔다.

예를 들어 공자의 언행을 기록한 『논어』 연구에서 그는 이렇게 주장하였다. 진 이전 시대 고전에 나오는 해석을 따르고, 주자학 등 후세 해석은 배제해야 비로소 성인의 가르침이 분명해진다. 소라이가 쓴 『논어징』은 100년 뒤 청에서 출판될 정도로 뛰어난 독창성과 실증성을 보여주고 있다. 다른 유교 고전에서도 중국어로 음독하는 것을 장려하고, 후세 학자들이 해놓은 해석에 안이하게 의존하는 것을 반대했다. 이런 실증주의의 학문 연구 방법은 이후 모토오리 노리나가 등이 『고사기』와

『만요슈』 등을 연구할 때 큰 영향을 끼쳤다.

소라이에 따르면 성인의 가르침은 인간의 마음 밖에 있는 것이지 주자학이 주장하듯이 마음에서 얻어지는 것이 아니다. 따라서 도덕보다 정치가 우위에 서지 않으면 안 된다고 주장하였다.

일본 유교의 특색

일본에서는 중국과 조선처럼 과거 시험으로 인재를 채용하는 제도가 도입되지 않았다. 따라서 일본 유교의 첫 번째 약점은 열심히 유교를 배워도 정치에 활용할 수 있는 기회가 없었다는 것이다. 쇼군이나 다이묘가 유학자를 채용하긴 했으나 대부분 쇼군이나 다이묘에 대한 개인 교수(시강), 고전에 관한 지식 제공, 서적 편집, 출판 등을 위한 것이었다. 정치적인 문제에 대해 발언할 기회는 거의 없었다.

두 번째 약점은 유교에서 중요한 '예(禮)'가 일본 사회에 수용되지 않았다는 것이다. '예'는 일상적인 것부터 관혼상제, 집안, 지역사회, 학교, 관청, 궁정 등의 의식까지 포함한다. 신분, 계급의 차이, 나이에 따른 질서, 친족과 타인에 대한 구별에서 관료 제도, 문명국인 중화와 야만국인 오랑캐의 차별도 포함한다. 천하 질서를 유지하려는 의지가 '예'를 통해 지탱되고 있는 것이다. 그래서 공자는 "예를 모르면 사람답게 살 수 없다"고 하였다.

그러나 일본에서는 이 '예'가 "친한 중에도 예의가 있다"는 말처럼 인간관계에서 표면적이고 형식적인 '예의'로 받아들여졌다. 은혜에 대하여도 '반례(返禮)'라는 금품 수수의 의미로 받아들여졌다.

거꾸로 이런 약점은 조선이나 중국과는 다른 일본 유교의 특색이 되었다. 먼저 자유로운 연구와 토론이 발전하였다. 유교는 국가 권력과 결합하지 않았고, 쇼군이나 다이묘는 유교를 그다지 중요하게 생각하지 않았다. 이 때문에 학자들이 민간에서 하는 활동은 거의 간섭하지 않았다. 1790년에 막부는 주자학을 정학(正學)으로 인정했다. 하지만 이것은 막부가 학교의 교육 내용을 규정한 것일 뿐, 민간 학자의 자유로운 연구를 규제하는 것은 아니었다. 하지만 막부 정치를 비판하는 언동에 대해서는 엄한 처분을 내렸다.

다음으로 승려, 무사, 서민 등 여러 신분에서 유학자가 나타난 것이다. 중세까지 유학자는 특정 귀족과 선교 승려로 제한되어 있었던 것에 비하면 새로운 시대가 열린 것이다. 학자들은 개인적인 교육기관을 열었고 출판 산업도 발달하였다. 이 때문에 연구 성과가 공개되어 능력이 있으면 누구든지 유학을 배울 수 있었다. 이에 따라 주자학뿐 아니라 양명학이나 고문사학을 비롯하여 여러 학파가 쉬운 문장과 강의로 민중에게 유교 도덕을 넓히려고 경쟁하였다.

이렇게 에도시대 유교 연구가 자유롭게 발전한 것이 메이지 유신이 일어난 원동력 가운데 하나라고 할 수 있다.

아코 사건과 추신구라

1701년 3월 성에서 천황 사절의 접대를 맡은 아코(효고현) 번의 번주 아사노 나가노리 (淺野長矩)가 하타모토인 기라 요시나카(吉良義央)를 칼로 베어 상처를 입혔다. 나가노리는 바로 할복을 명령받고 아사노 가문은 멸망한다. 아사노의 가신은 모두 직업을 잃고 떠돌이가 되었다. 이 처분은 쇼군 도쿠가와 쓰나요시가 내린 명령에 따른 것이었다. 1720년 12월 아코 번 낭인 47명은 많은 괴로움을 이겨내고 몰래 기라 씨 저택을 습격하여 기라 요시나카를 죽이고 주군의 한을 풀었다. 이 두 사건을 아코 사건이라고 한다.

쇼군이 살고 있던 에도에서 일어난 이 사건으로 세상도 막부도 크게 놀랐다. 사건을 처리하기 위해 열린 막부 회의에서는 전혀 다른 주장이 나왔다. 하나는 "밤도둑처럼 저지른 폭거이기 때문에 전원 처형해야 한다"는 주장이었다. 반면 어떤 고위 관리는 "쇼군이 장려하는 문무와 충효의 길을 행한 행위이므로 관대하게 처분해야 한다"고 주장하였다. 지배 질서 유지와 유교 이념 사이에서 막부와 고위 관리들은 아주 곤혹스러웠다. 쇼군 쓰나요시는 결국 '법에 의한 지배를 최우선으로 해야 한다'는 오규 소라이의 의견에 따라 전원 할복하라는 명령을 내렸다.

에도 민중은 이 사건을 충의를 위해 원수를 갚았다고 여겨 크게 칭찬하였다. 이는 아코 낭인들의 행동이 막부가 저지른 악정에 대한 저항으로 비쳤기 때문이다. 사건 뒤 문학과 연극 등에서는 「추신구라」라는 제목으로 많은 작품들이 만들어져 인기를 얻었다. 근대에는 충효의 모범으로 국민도덕 형성에 기여했다. 오늘날도 해마다 연말이면 TV 드라마에서 「추신구라」가 방영될 정도로 대중적 인기가 계속되고 있다.

가나 문자의 탄생

동아시아 지역의 민족 문자 가운데 하나인 가나 문자는 어떻게 만들어졌을까? 그리고 가나 문자로 무엇을 표현했을까?

동아시아 민족 문자인 한글과 가나

자료 1을 보자. 이 지도는 한글과 가나가 만들어지는 배경이 된 동아시아 지역의 다양한 문자를 보여주고 있다. 티베트 사람이 인도의 문자를 배워서 티베트 문자를 사용하기까지 동아시아에서는 아주 오랫동안 중국의 한자가 유일한 문자였다. 그런 상황에서 한반도와 일본열도에서 글을 읽고 쓴다는 것은 당연히 외국어인 중국어로 읽고 쓰는 것을 말했다. 현재 한국과 일본은 독자적인 문자가 있다. 그 중에서 가나 문자는 어떻게 만들어졌으며, 가나 문자로 무엇을 표현했는지에 대해 살펴보자.

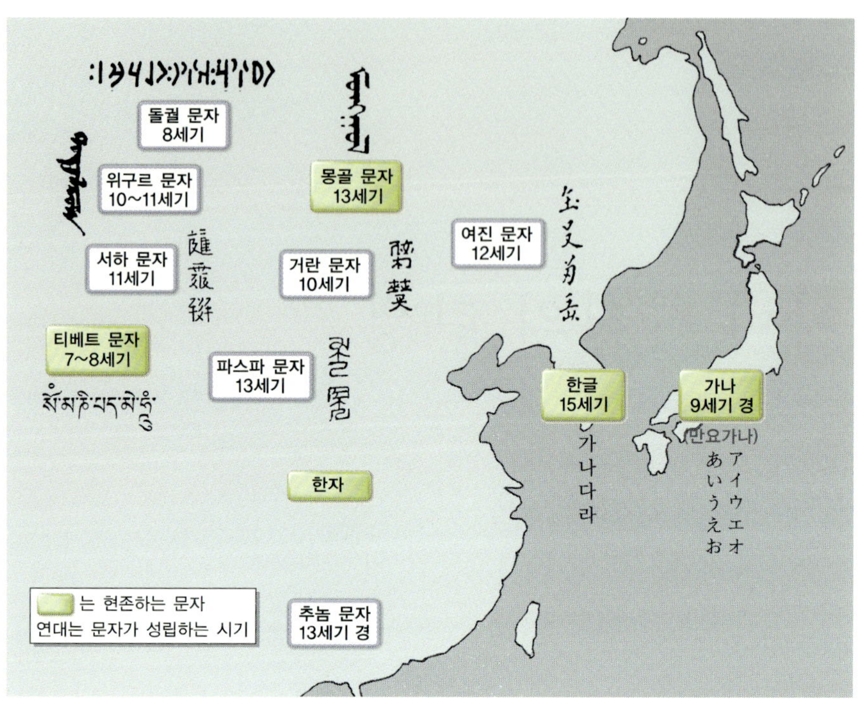

● **자료 1.** 8~15세기경 동아시아의 문자 상황

일본의 가나 문자는 많은 사람들의 노력과 연구를 거쳐 만들어졌으며 특정한 몇몇 사람이 고안해서 만든 것이 아니다. 한편 가나 문자 이후에 생긴 다른 문자의 경우는 문자를 만든 계기나 과정이 비교적 분명한 경우가 많다. 동아시아 사회에서 문자를 새로 만든다는 것은 한자로는 자신들의 생각을 충분히 표현할 수 없는 현실을 극복하기 위함과 동시에, 정치·문화적으로 자신의 나라가 중국과는 다르다는 사실을 보여주기 위함이었다.

먼저 한자의 특징을 살펴보자. 중국어는 일본어나 한국어와 달리 용언의 어미가 변화하지 않는다. 그렇기 때문에 모든 사물에 대응하는 각각의 낱말을 전부 만들었는데, 그것이 바로 한자이다. 각각의 한자는 의미와 발음과 모양이 있다. 각 문자 하나하나가 한 단어를 표현하는 특징이 있어, 한자를 표어문자(表語文字)라고 한다.

이런 한자를 이용해서 일본은 가나 문자를 만들었다. 일본어는 '자음 + 모음(또는 모음만)'으로 된 음절을 기본으로 하는 비교적 단순한 음운 체계를 가지고 있다. 이 일본어의 음운 체계에 맞춰서 일본어의 음에 한자를 빌려 쓰는 것은 비교적 쉬웠다. 이처럼 한자의 발음을 차용해서, 그 글자 모양을 간략하게 만든 것이 가나 문자이다. 가나 문자는 음절을 단위로 하고 있기 때문에 음절문자라고 부른다.

한반도에서는 옛날부터 이두, 구결, 향찰 등 한자를 이용한 표기법이 발달했다. 그러나 한국어의 표기는 '자음 +모음, 모음, 자음+모음+자음' 등 음절을 복잡하게 조합할 수 있었다. 음운의 종류가 많은 한국어를 정확하게 표현하는 것은 한자의 차용만으로는 한계가 있었다. 그래서 조선에서는 모음과 자음으로 구성된 단음문자인 몽골 문자와 파스파 문자, 음절 단위의 표어문자인 한자가 존재했던 15세기 동아시아의 문자 환경을 이용하고, 고도로 발달한 음운학의 성과를 활용해서 음절 단위의 단음문자인 한글을 만들었다.

이렇게 해서 한국과 일본은 자신의 언어를 자기 말에 맞게 쓸 수 있는 한글과 가나를 만들게 되었다. 그러나 두 나라에서는 오랫동안 한글과 가나보다 중국어인 한자를 쓰는 것이 공식적이며 더 권위가 있다고 여겨졌다.

일본열도에 전해진 한자와 만요가나

그럼 다시 동아시아 지역에 한자밖에 없었던 시대로 되돌아가서, 가나 문자가 만들어진 과정을 구체적으로 알아보자. 일본어 음에 한자를 빌려 쓰고, 한자의 형태를 바꾸어 가나 문자를 만들었다고 하지만, 실제로 그것은 그렇게 간단한 일만은 아니었다.

일본열도에서 현존하는 가장 오래된 문자 자료 가운데 시기를 알 수 있는 것은 1세기에 후한에서 보낸 금으로 만든 도장(金印)으로, 거기에는 '한왜노국왕(漢委奴國王)'이라는 글씨가 새겨져 있다. 그 후에도 일본열도 내외에서 만들어진 한자가 기록된 유물이 출토되고 있다. 그러나 이들 문자는 언어라기보다는 상징이나 기호적 성격이 강하다. 일본에 한자가 공식적으로 전래한 것은 4세기 말에서 5세기 초라고 한다.

도래인들이 한문으로 사건이나 사물을 표기하면서부터 일본의 인명이나 지명도 한자로 표기하게 되었다. 중국에서는 옛날부터 불교 용어를 중심으로 외국의 고유명사를 한자음으로 표기해 왔다. 그 후 한자가 보급되고, 6세기에는 한자의 뜻 읽기를 하게 되었다. 한자는 의미와 소리를 가진 표어문자이다. 일본어는 그런 한자를 두 가지 방법으로 읽는다. 하나는 소리로 읽는 것이고 다른 하나는 의미로 읽는 것이다. 예를 들면 해(海)라는 한자는 소리로 읽으면 '가이'이고, 의미로 읽으면 '우미'이다. 한국에서는 '海'라는 한자를 한자의 음으로 '해'라고 읽지만 한자의 의미인 '바다'로 읽지는 않는다. 현재 한국어는 한자를 의미로 읽지 않는다. 그러나 옛날에는 한반도에서도 한자의 의미 읽기를 했다고 한다. 한반도의 한자 의미 읽기가 일본에서 한자의 의미 읽기의 배경이 되었다고 판단할 수 있다.

8세기 초 오노 야스마로는 『고사기』를 편찬했다. 그는 히에다노 아레가 암송한 일본 역사를 문자로 표기할 때 어려움을 겪었다. 한자만으로는 충분히 그 의미를 전달할 수 없었기 때문이다. 그렇다고 해서 한자의 음만으로 표기하자니 문장이 너무 길어져서 이해하기가 어려웠다. 그래서 그는 한자의 음과 의미에 주를 섞어 가면서 함께 쓰는 방법을 취했다.

현재 사용하고 있는 히라가나와 가타카나의 바탕은 만요가나였다. 만요가나는 한자를 그대로 써서 일본어를 표현한 것이다. 처음에는 한문 문장을 쓰면서 일본어의 고유명사를 한자로 표기하는 것에서 시작하여 조사와 조동사 등에 이르기까지 다양한 표기 방식을 시도한 후에 드디어 문장 속의 모든 음절을 한자 한 글자로 표기할 수 있게 되었다. 8세기에 정리된 『만요슈(萬葉集)』가 이 표기 방식을 사용했기 때문에 훗날 만요가나라고 부르게 되었다. 다음의 예는 한 글자 한 음으로 표기한 노래이다. 내용은 변방을 지키는 병사로 떠나게 된 남편을 배웅하는 아내의 슬픈 심정을 노래한 것이다.

佐伎毛利爾 由久波多我世登　사키모리니 유쿠하(와)타가세토
刀布比登乎 美流我登毛之佐　도후(우)히토오 미루가토모시사
毛乃母比毛世受　모노모히(이)모세주

사키모리로 가는 것은 누구 남편입니까
라고 묻는 사람을 보면 부럽다
남의 생각은 하지도 않고(『만요슈』 권 제12)

밑줄이 있는 곳을 보자. '히토(사람이라는 의미)'를 만요가나에서는 '比登'으로 기록하지만 한자의 '比'가 갖는 의미(비교하다)도 '登'의 의미(오르다)도 아니다. 단순히 '比'는 '히'라는 음을, '登'은 '토'라는 음을 나타낸다.

가나 문자의 성립

만요가나로 일본어를 표기할 수 있게 되었지만, 그렇다고 해서 바로 모든 낱말을 간단하게 표현할 수 있는 것은 아니었다. 같은 음을 몇 개의 한자로 표기하기도 했다. 한자는 글자체가 복잡하고 획수가 많아서 일본어의 한 음절을 표기하기에는 너무 불편했다. 그럼에도 불구하고 만요가나는 생활 속에 보급되었던 것 같다. 그것을 증명해 주는 것이 바로 나라 현에 있는 호류지 오층탑(8세기 초 재건)이다. 이 오층탑을 해체해서 수리할 때 발견한 조립용 나뭇조각에 어떤 목수가 만요가나로 쓴 낙서가 적혀 있었다. 사람들은 이런 만요가나의 불편함을 극복하기 위해 만요가

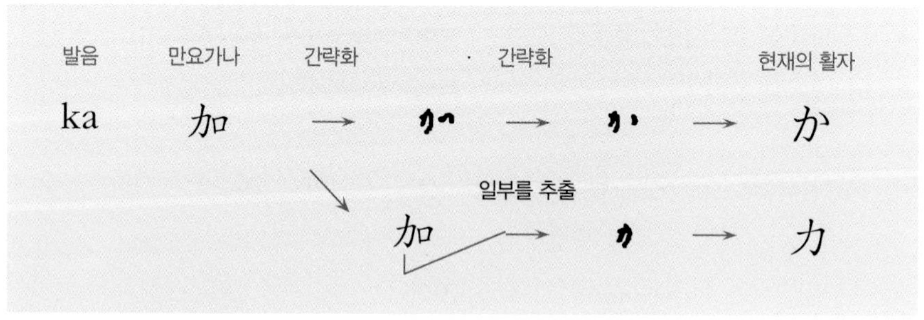

● 자료 2. 가나 문자의 성립

나로 사용된 한자를 그 원형을 알 수 없을 정도로 간략하게 만들어서 히라가나를 만들었고, 한편으로는 부수 등 한자의 일부를 취해 가타카나를 만들었다. 이것이 9세기경에 일어난 일이다.

자료 2를 보자. 예를 들면 '가'라는 음은 히라가나로는 'か', 가타카나로는 'カ'라고 쓴다. 둘 다 한자의 '가(加)'라는 글자로 만들어진 것이다. 히라가나의 '가(か)'는 한자의 '가(加)'를 간략하게 한 것이고, 가타카나의 '가(カ)'는 한자의 '가(加)'의 부수로 만들었다. 단 다른 한자를 기초로 한 가나 문자도 역사적으로 상당히 많이 사용되어 왔다('ka'의 경우 '可(가)' '賀(하)' '駕(가)' 등). 가나 문자의 성립 과정을 나타낸 것이 자료 3의

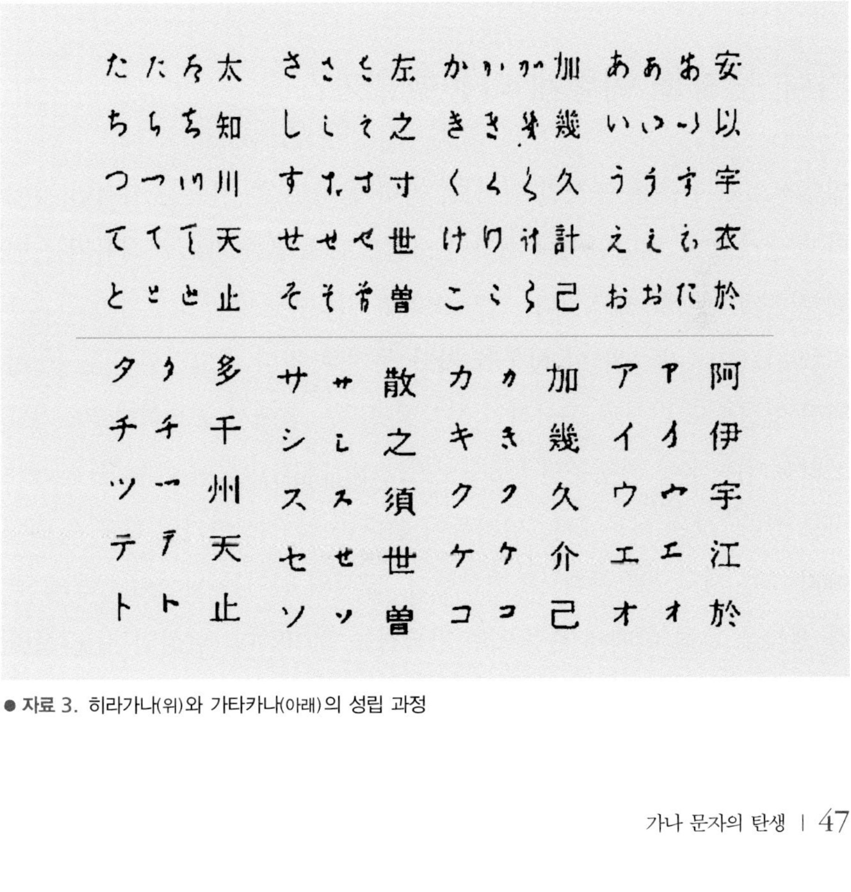

● **자료 3.** 히라가나(위)와 가타카나(아래)의 성립 과정

표이다.

　현대 일본어에서는 히라가나를 일반적으로 사용하고, 가타카나는 외래어 표기에 사용한다. 히라가나와 가타카나라는 두 문자가 성립하게 된 것은, 그것을 사용하는 장소가 달랐기 때문이다. 가타카나는 한문을 의미 읽기로 하기 위해 한자에 달아 쓰는 문자로, 히라가나는 글자를 연습하기 위해, 혹은 31자로 쓰는 정형시의 형태로 쓰는 일본 와카를 창작할 때, 또는 여성들이 일기를 쓰기 위해 쓰여진 문자로서 발전해 온 것이다. 이런 과정을 거치면서 한자와는 전혀 다른 일본어의 음을 나타내는 가나 문자가 만들어졌다.

가나 문자를 어떻게 사용했을까?

일반적으로 한문은 공적인 것이고, 가나 문자로 쓴 기록은 사적인 것이라고 생각했다. 헤이안시대 초기의 시인으로 유명한 기노 쓰라유키는 이런 기존의 생각을 깨뜨렸다. 기노 쓰라유키(紀貫之)는 『고킨와카슈(古今和歌集)』(10세기 초기)의 서문을 가나 문자로 썼다. 『고킨와카슈』는 천황의 명령으로 편찬된 공식적인 시가집이라는 점에서 중요하다. 또 기노 쓰라유키는 후에 기행문인 『도사닛키(土佐日記)』(935년 이후)를 히라가나로 썼다. 그는 서문에서 "남자들이 쓴다는 일기를 여자인 나도 써보아야지 하는 생각으로 쓴다"고 기록했다. 당시의 일기는 남성이 공무에 관한 생각을 달력 여백에 한문으로 기록하는 것이었다. 남성인 기노 쓰라유키는자신의 심정을 히라가나 일기로 쓰기 위해 여성을 가장했다. 이것이 가나 문자로 기록된 최초의 일기이다.

자신의 언어를 그대로 표현할 수 있는 가나 문자가 새로 개척한 분야로 헤이안시대 여성 귀족들의 문학이 있다. 당시 여성은 공직에 나갈 수 없었기 때문에 한시나 한문을 배울 필요가 없었다. 그래서 여성은 여자들의 문자라는 뜻을 가진 '온나데(女手)'로 불리는 히라가나를 사용했다. 히라가나는 글 쓰는 이의 심정을 그대로 표현할 수 있었으므로, 10세기에서 11세기에 걸쳐 일본의 여류 문학은 전성기를 맞이했다. 그 가운데 『가게로닛키(蜻蛉日記)』는 결혼 후 20여 년간의 무상한 신세를 일기체 형식으로 있는 그대로 서술한 것으로 유명하다. 이 외에도 궁중을 무대로 한 장편소설이며 지금도 끊임없이 읽히는 『겐지모노가타리(源氏物語)』를 비롯해 많은 작품이 히라가나로 쓰여졌다. 아래의 글은 세이쇼나곤이 쓴 수필의 일부분이다. '귀여운 것'들을 늘어놓은 작가의 감성이 돋보인다.

귀여운 것들

참외에 그린 아기 얼굴이 귀엽다.
쭈쭈쭈쭈 부르면 참새 새끼가 팔짝팔짝 뛰어와 가까이 오는 모습도 귀엽다.
두세 살짜리 아이가 막 기어오르다가 작은 티끌 하나를 발견하고 그 앙증맞은 손으로 집어서 어른에게 보여줄 때는 정말이지 귀엽다.
……
병아리가 정말 귀여운 모습으로 기모노를 짧게 입은 것 같은 모습을 하고, 삐약삐약 조잘거리면서 사람들 발치를 돌아다니는 것도 재미있다. 또 어미닭이 같이 따라다니면서 달리는 것도 정말 귀엽다. (『마쿠라노소시(枕草子)』 145단)

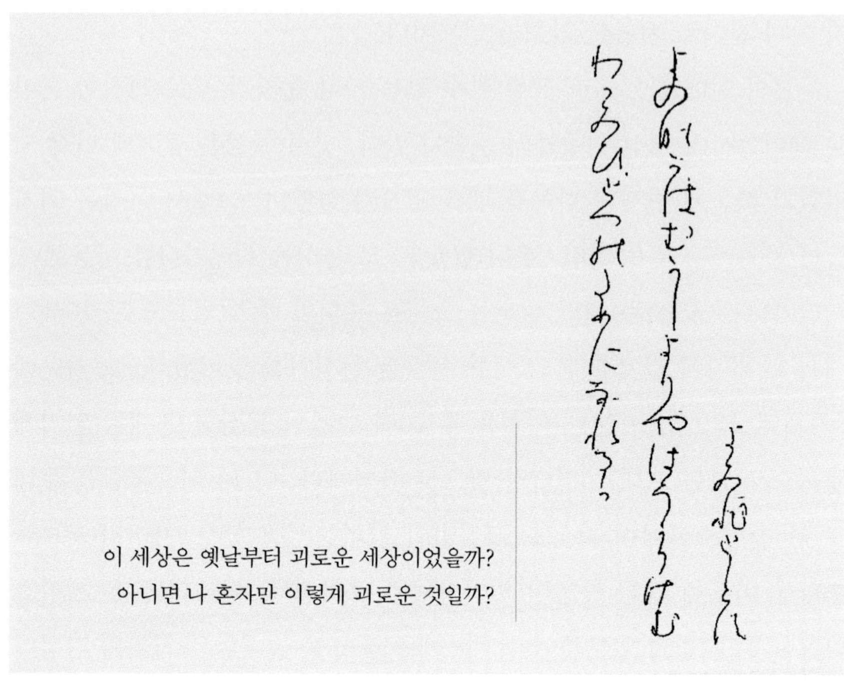

● 자료 4. 기노 쓰라유키의 자필

히라가나를 쓸 때에는 문자와 문자를 연결한 곡선체를 우아하게 적어야 했다. 유명한 글씨체는 습자 교본이나 습자의 모범, 그리고 감상용으로 오늘날까지 전해지고 있다. 자료 4는 현존하는 가장 오래된 『고킨와카슈』의 사본이다. 기노 쓰라유키의 자필이라고 전해지는데, 현재로서는 11세기 중반에 쓰여진 것으로 추정하고 있다. 헤이안시대의 명필이라고 한다.

이렇게 해서 동아시아 민족 문자의 하나인 가나 문자가 만들어지고 사용되었다. 가나 문자는 그 이후 일본어나 일본 사회의 변화에 따라 표기 방법을 거듭 연구하면서 오늘날까지 계승되어 왔다.

　자기 나라의 언어를 표기하는 문자를 갖는다는 것의 의미를 알기 위해서는 동아시아 각 지역에서 어떤 노력과 궁리가 이루어졌는지를 알아야 한다. 그런 흐름 속에서 자기 나라 언어의 특징에 맞는 문자가 어떻게 만들어졌는지 배울 필요가 있다.

22

새 시대를 연 한글

15세기 중반 조선은 새로운 문자인 한글을 만들었다. 왜 이 시기에 한글을 만들었을까? 한글은 어떤 원리로 만들어졌고, 어떻게 보급되었을까?

만 원권 지폐의 주인공은 누구일까?

세계 여러 나라에서 사용하고 있는 화폐는 그 나라의 특징을 잘 나타낸다. 화폐는 나라 안팎에서 그 나라의 얼굴 역할을 하기 때문이다. 따라서 화폐에는 그 나라의 역사적·문화적 상징과 함께 중요한 인물을 예술적으로 담아낸다. 한국에서 최고액권인 만 원 지폐에 새겨진 인물은 조선 왕조 4대 임금이었던 세종이다. 600여 년이 지난 지금도 세종은 많은 한국 사람들이 존경하는 인물이다. 왜 그럴까? 세종은 조선 왕조의 문물과 제도를 정비한 왕이며, 무엇보다도 새로운 문자인 한글을 만드는 데 큰 공을 세웠기 때문이다. 바로 이런 이유 때문에 세종은 한국 만 원 지폐

● **자료 1.** 만 원권 지폐 인물 초상의 주인공 세종대왕

의 주인공이 된 것이다.

한글을 만든 이유와 원리를 설명한 책인 『훈민정음(訓民正音)』은 1997년 유네스코 세계기록유산으로 등록되었다. 유네스코는 매년 한글의 발명자인 세종의 이름을 따 'King Sejong Literacy Prize(세종대왕문해상)'를 주고 있다. 이 상은 1989년 6월 제정된 이래 인도, 가나, 요르단 등 세계 곳곳에서 문맹 퇴치에 공을 세우거나 성공적인 활동을 펼친 단체에 수여되고 있다.

한글을 왜 만들었을까?

현재 한국 사람들이 사용하고 있는 한글은 조선시대 이전에는 없었다. 이전에는 한국 말을 담아내는 한국 고유의 문자가 없어 한자의 소리와 뜻을 빌려 표기하였다. 그것이 바로 향찰이다. 향찰로 전해지는 삼국시대의 노래인 향가 「서동요」는 어떻게 한자의 음과 뜻을 빌려 문자로 기록했는지를 잘 보여준다.

	×	×	×	×	○	×	○	○	×	○	×	○	×
	善	化	公	主	主	隱	他	密	只	嫁	良	置	古
음	선	화	공	주		은			지		량		고
뜻					님		남	몰래		시집		둘	

○ : 뜻으로 읽는 것 ｜ × : 음으로 읽는 것

위 향가 작품에서 향찰 위에 ○표시는 뜻을, ×표시는 음을 나타낸 것이다. 가령 위의 '善化公主主隱(선화공주주은)'에서 첫 번째 한자 '主(주)'는 뜻과는 상관없이 음을 따서 적은 것이고, 두 번째 '主(주)'는 '님'이라는 뜻을 나타낸 것이다. 뒤에 나온 '隱(은)'은 우리말 '은/는'에 해당되는 토를 나타낸다. 결국 위 문장은 향찰로 '선화공주님은'이라는 한국말을 나타낸 것이다.

향찰은 위와 같이 한국말의 어순대로 표기하며, 한 문장에서 중심 말에 해당되는 부분은 한자의 뜻을 빌리고, 토에 해당하는 부분은 한자의 음을 빌려 적은 것이다. 이는 동아시아 한자 문화권에 속한 일본과 베트남 같은 나라도 마찬가지였다. 일례로 가나 문자는 한자를 간단하게 해서 만든 것이다. 이렇듯 동아시아의 여러 민족들은 한자를 적극 수용하여 자기 문자를 발전시켰다. 하지만 한자를 수용한 문자의 한계는 여전히 있었다. 이를 극복하기 위해 15세기 중반 조선에서는 독자적 문자인 한글을 만들었다.

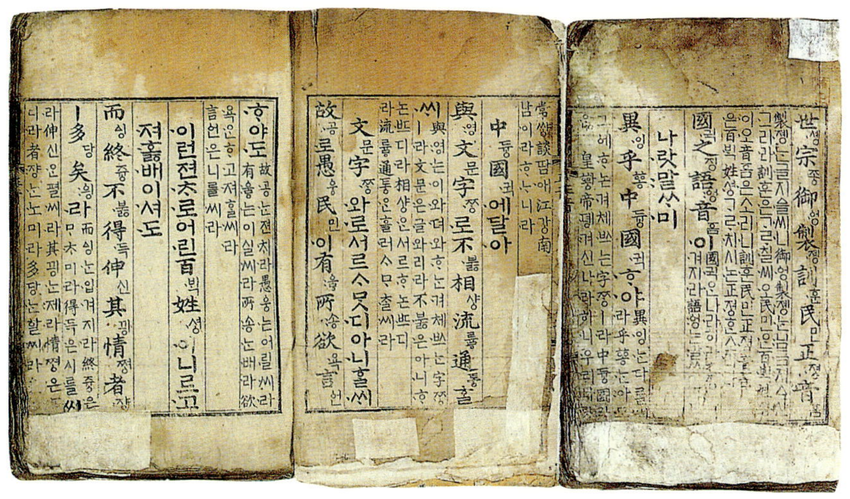

● **자료 2.** 『훈민정음 언해본』

한글은 만들 당시에 훈민정음이라 불렀다. '훈민정음(訓民正音)'이란 백성을 가르치는 올바른 소리라는 뜻이다. 『훈민정음』 서문은 한글을 만든 이유를 이렇게 밝히고 있다.

> 우리나라 말이 중국과 달라서 한문자(漢文字)와는 서로 통하지 않으므로, 무식한 백성들이 말하고자 하는 것이 있어도 마침내 자기 뜻을 펼 수 없는 사람이 많으니라. 내가 이것을 딱하게 여겨 새로 스물여덟 글자를 만들어 내놓으니, 모든 사람으로 하여금 쉽게 깨우쳐 날로 씀에 편하고자 할 따름이니라.

윗글에서 세종은 한국말과 중국말이 달라서 생기는 불편함을 없애기 위해, 그리고 백성들이 자신의 생각을 한자로 전달할 수 없는 상황을 안타깝게 여겨 문자를 만들었다고 했다. 당시 대부분의 백성들은 글을 몰랐기 때문에 억울한 옥살이나 죽음을 당하는 백성들까지 있었다. 이런 문제

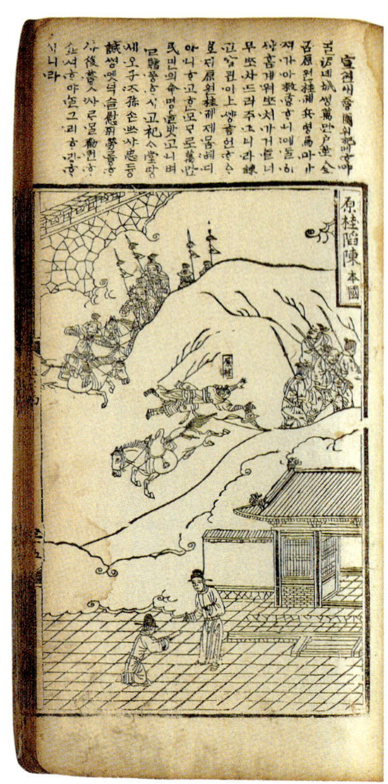

● **자료 3.** 한글판 『삼강행실도』

점들을 개선하고자 백성들이 쓰기 간편한 한글을 창제한 것이다.

또 서문에서 밝히지는 않았지만 지배층에게도 훈민정음은 필요했다. 당시 사용하던 한자(漢字)는 한국어 음을 충분히 표기할 수 없었다. 따라서 한자를 사용하는 지배층 사이에서도 같은 한자를 두고서 서로 다르게 발음하는 경우가 많았다. 그로 인해 외교문서나 공문서 작성에 어려움이 있었다. 그런 점에서 훈민정음 창제는 당시 조선에서 사용되는 한자음을 정리하려는 목적도 있었다. 훈민정음 창제 후 조선 왕조가 제일 먼저 벌인 사업은 『동국정운(東國正韻)』의 간행이었다. 『동국정운』은 말 그대로 동국의 바른 음, 즉 조선에서 사용되고 있는 한자의 바른 음을 정리해 놓은 책이다. 이런 의미에서 훈민정음은 말의 소리를 기록하는 발음기호의 역할을 했다고 할 수 있다. 오늘날 표기 수단이 사라져 가는 세계 여러 곳의 소수 언어를 한글을 통해 기록해서 보존하자는 활동은 바로 발음기호로 만들어진 훈민정음의 장점을 고려한 시도라고 볼 수 있다.

훈민정음의 창제는 나라를 효과적으로 통치하려는 정치적 측면에서도 필요했다. 조선 왕조는 일반 백성들이 자유롭게 쓰고 읽을 수 있는 문자가 없었기 때문에 유교적 통치 정책을 효과적으로 전달하는 데 어려움이 많았다. 1431년 세종 13년에는 『삼강행실도』가 만들어졌다. 이는 대부분의 백성들이 한자를 읽을 수 없었기 때문에 글의 내용을 그림으로 그려 유교 사상을 전파하려고 한 것이다. 하지만 그림을 통한 정보 전달에는 많은 한계가 있었다. 따라서 훈민정음을 만들고 나서는 『삼강행실도』의 그림 내용을 훈민정음으로 자세히 설명하기도 했다. **자료 3**

한글은 어떤 원리로 만들었나?

한글은 창제 당시엔 28글자였으나 그 중 4개는 사라지고 지금은 24개가 쓰인다. 현재 한글은 24개의 자음과 모음만 익히면 이들을 조합해서 문자 생활을 할 수 있다. 즉 한글은 자음과 모음 몇 개의 기본 요소로 거의 무한에 가까운 글자를 만들 수 있는 것이다.

한글의 모음은 철학적 바탕 위에 만들어졌다. 우주를 이루는 가장 중요한 세 요소는 하늘과 땅과 사람이다. 모음의 기본 글자는 하늘을 상징하는 둥근 점(·)과 평평한 땅을 나타내는 가로 선(ㅡ), 서 있는 사람을 나타내는 세로 선(ㅣ)으로 정했다. 이는 오늘날 널리 사용하고 있는 휴대전화(모바일폰) 문자 전송 원리에 그대로 사용되고 있다.

자음은 소리가 나오는 입의 속 모양을 본떠서 만들었다. 우리말 소리를 낼 때 입 모양과 발음기관을 자세히 살펴 어금니, 혀, 입술, 이, 목구멍의 모양에 따라 자음의 기본 글자(ㄱ, ㄴ, ㅁ, ㅅ, ㅇ)를 만든 것이다. 그리고 이렇게 만든 기본 자음을 바탕으로 같은 자리에서 나오는 소리는

● **자료 4.** 천지인 시스템이 반영된 휴대전화 자판

기본 자음에 획을 더하는 방식으로 새 글자를 만들었다.

한글에서 자음과 모음은 단순하고 자유롭게 체계적으로 결합한다. 예를 들어 '감'이라는 단어가 있을 때, 'ㄱ'이라는 자음과 'ㅏ'라는 모음, 그리고 'ㅁ'이라는 자음이 결합한다. 이때 'ㄱ'은 초성, 'ㅏ'는 중성, 'ㅁ'은 종성이라고 한다. 배열을 달리하면 '막'이라는 단어도 만들 수 있다.

암클이 어떻게 한글이 되었나?

조선의 지배층은 한문을 진짜 글이자 참된 글인 '진서(眞書)'라 하였다. 한글은 하찮은 글이라는 의미로 '언문(諺文)'이라 하여 천시했다. 한글은 당시 지배층인 사대부가 아닌 여자나 아이 들이 사용하여 '암클'이나 '아햇글'로도 불렀다. 이는 일본 문자를 임시 글인 '가명(假名)'이라고 표기하여 '가나'라 부르고, 한자를 진짜 글 '마나(眞名)'로 부른 일본과도 유사하다. 이처럼 당시 지배층들은 오히려 한글을 철저히 홀대하였다.

지배층의 입장에서는, 자기들만이 어려운 한문을 배워서 이를 기반으로 사회의 각종 기득권을 누리고 싶었기 때문이다.

지배층은 한글을 천시했지만 한글은 배우기 쉽고 사용하기 쉬운 특성을 가지고 있었기 때문에 시간이 흐를수록 한글 사용 인구는 늘어갔다. 한글 사용이 확대되는 과정에서 가장 큰 역할을 한 것은 여성들이다. 양반 사대부 계층에서는 여성이 한문 교육을 받기도 했지만, 이들은 점차 한글을 많이 사용하게 되었다. 그래서 여성들끼리, 또는 여성과 남성이 편지를 주고받을 때는 주로 한글을 많이 사용했다. 주로 여성들을 독자로 삼은 책은 한글로 간행된 것들이 많았다.

● **자료 5** 이응태의 부인이 쓴 한글 편지.

한글 보급으로 백성들은 자신의 감정과 생각을 기록하고 표현할 수 있었다. 이렇게 해서 백성들 사이에서도 문자를 통한 정보의 공유가 이뤄졌다. 18세기에 들어 지배층의 여성들과 중류층 백성들이 한글로 소설, 시조, 일기 등을 창작하게 되면서 한글이 다양한 형태로 백성들 삶 곳곳에 퍼졌다.

이 시기에 유행한 한글 소설 『춘향전』은 양반집 아들과 하층민 딸의 사랑 이야기이다. 권력자의 억압에 맞서 자신의 자존심을 지킨 하층민 딸의 사랑 이야기가 주된 줄거리로 양반들의 타락한 생활을 풍자적으로 묘사하고 있다. 이 시기에는 신분 사회의 불합리성을 폭로한 우화 형식의 한글 소설과 양반들의 가혹한 지배에 슬기롭게 대항하는 농민들의 지혜를 담은 구전설화를 담은 한글 소설 등도 인기가 있었다.

아울러 일부 기관에서는 공문서를 한글로 썼다. 또한 기술관 채용 시험에서는 『훈민정음』과 『동국정운』을 필수과목으로 지정하기도 했다.

지금은 '훈민정음' 대신 '한글'이라는 명칭을 사용하지만 한글이라는 명칭을 쓴 것은 불과 100년 남짓하다. '한글'이란 '하나의 크고 좋은 글자로서 한민족의 글이자 세계에서 가장 으뜸가는 문자'라는 의미이다. '한글'이라는 이름을 만든 사람은 국어학자 주시경이다. 그는 일제 식민 지배하에 한국말을 지킴으로써 한국인으로서 정신을 지키고 독립 의식을 고취시키고자 하였다. 그는 감옥에 투옥되는 등 갖은 어려움 속에서도 한글 보급에 힘쓰고 한국어를 체계적으로 연구하여 오늘날 한글이 자리매김할 수 있는 기반을 마련하였다.

가나로 내 이름을 써 보자

일본말을 담아내는 문자 가나는 두 갈래로 나뉜다. 보통 일본말을 표현할 때는 히라가나를 사용하고, 가타카나는 외래어를 표기할 때 쓰인다. 따라서 아래 일본어로 하는 점심 인사는 히라가나로 쓴다. 반면 서울이라는 지명은 일본 입장에서는 외래어이기 때문에 가타카나로 쓴다. 또한 일본어는 우리말과 달리 받침을 잘 표현하지 않아 '서울'의 표현을 '서우루'로 한다. 히라가나와 가타카나 표를 보면서 가나를 익히고, 아래 예문에 맞춰 인사도 하고 다양하게 일본어를 써보자.

예) こんにちは(곤니치와) – 안녕하세요(점심인사), **さようなら**(사요나라) – 안녕(헤어질 때 인사말)

서울 – ソウル(서우루), 가타카나 – **カタカナ**, 히라가나 – **ひらがな**

겨울(冬)연가(소나타) – **冬のソナタ**, 나리타 –   야마가타 –

히라가나(ひらがな)

あ아 a	い이 i	う우 u	え에 e	お오 o
か카 ka	き키 ki	く쿠 ku	け케 ke	こ코 ko
さ사 sa	し시 si	す스 su	せ세 se	そ소 so
た타 ta	ち치 chi	つ쓰 tsu	て테 te	と토 to
な나 na	に니 ni	ぬ누 nu	ね네 ne	の노 no
は하 ha	ひ히 hi	ふ후 hu	へ헤 he	ほ호 ho
ま마 ma	み미 mi	む무 mu	め메 me	も모 mo
や야 ya		ゆ유 yu		よ요 yo
ら라 ra	り리 ri	る루 ru	れ레 re	ろ로 ro
わ와 wa				を오 wo
ん응 ŋ				

가타카나(カタカナ)

ア아 a	イ이 i	ウ우 u	エ에 e	オ오 o
カ카 ka	キ키 ki	ク쿠 ku	ケ케 ke	コ코 ko
サ사 sa	シ시 si	ス스 su	セ세 se	ソ소 so
タ타 ta	チ치 chi	ツ쓰 tsu	テ테 te	ト토 to
ナ나 na	ニ니 ni	ヌ누 nu	ネ네 ne	ノ노 no
ハ하 ha	ヒ히 hi	フ후 hu	ヘ헤 he	ホ호 ho
マ마 ma	ミ미 mi	ム무 mu	メ메 me	モ모 mo
ヤ야 ya		グ유 yu		ヨ요 yo
ラ라 ra	リ리 ri	ル루 ru	レ레 re	ロ로 ro
ワ와 wa				ヲ오 wo
ン응 ŋ				

니혼마와
정원을 만들어낸 사람들

다다미방에서 생활하고 차를 마시는 관습이 생긴 것은 15세기경이다. 이 시기를 대표하는 긴카쿠지(銀閣寺)와 료안지(龍安寺)를 통해서, 니혼마의 특징과 일본의 대표적인 정원과 그 문화를 담당했던 사람들에 대해 생각해 보자.

현대 건축과 긴카쿠지의 비교

자료 1과 2를 비교해 보자. 자료 1은 현대 일본의 일반 가정에서 볼 수 있는 니혼마(日本間)다. 니혼마에는 다다미가 깔려 있고, 방의 정면 왼쪽에는 치가이 다나가 있으며, 오른쪽에 바닥이 조금 더 높은 공간인 도코노마가 있다. 자료 1을 보면 족자가 걸려 있는데, 실제는 이것 외에도 다양한 장식을 한다. 도코노마가 있는 방은 손님을 대접하기 위한 중요한 곳으로, 해가 잘 드는 남향에 만들었다. 요즈음 일본인은 마루방을 선호하는 편이지만 그래도 방 하나 정도는 다다미가 깔린 방을 원한다. 다다미가 깔린 방을 니혼마라고 부른다.

● 자료 1. 현대 일본의 니혼마

● 자료 2. 동구당의 동인재 묘사도

이런 니혼마 형식은 긴카쿠지(銀閣寺) 안에 있는 서원 건축에서 그 기원을 찾을 수 있다. 긴카쿠지는 킨카쿠지(金閣寺)와 함께 교토를 대표하는 절로 관광객들이 많이 찾는다. 1482년 무로마치막부 8대 장군인 아시카가 요시마사의 산장이었으나, 요시마사가 죽은 후 절로 바뀌었다. 요시마사는 예술가적 감각이 뛰어났다. 긴카쿠지를 지을 때 그가 일일이 지시를 내렸다고 한다.

이 긴카쿠지의 동구당(東求堂) 안에 있는 동인재(同仁齋)_{자료 2}가 일본에서 가장 오래된 서원 건축이다. 동구당은 정방형의 건물로 아미타 삼존상이 있는 불당을 중심으로 4개의 방이 있다. 그 안에 다다미 4장 반으로 된 방이 동인재이다. 이곳에는 북쪽으로 달아 낸 쓰케쇼인(付書院)이라는 책상과 치가이 다나가 설계되어 있다. 또 채광을 위해 구석에는 장지문도 만들어 달았다. 쓰케쇼인이나 치가이 다나 위에는 책이나 다기, 붓, 연적, 벼루 등을 놓았을 것으로 생각한다. 실내를 장식한 여러 가지 물건은 조선이나 중국, 동남아시아에서 무역선을 통해 일본에 들어온 미술 공예품으로 가라모노(唐物)라고 불렀으며 귀한 대우를 받았다. 가라(唐)는 중국을 의미하는 낱말이지만 그 당시는 외국을 표현하는 일반적인 용어로 썼다.

서원은 원래 지위가 높은 선승의 서재로, 손님을 대접하는 사적인 공간이었다. 그 후 선종의 확산과 함께 장군이나 무사, 부유한 상인의 주택에도 만들게 되었다. 이와 같은 주택 양식의 변화는 다도나 꽃꽂이 등

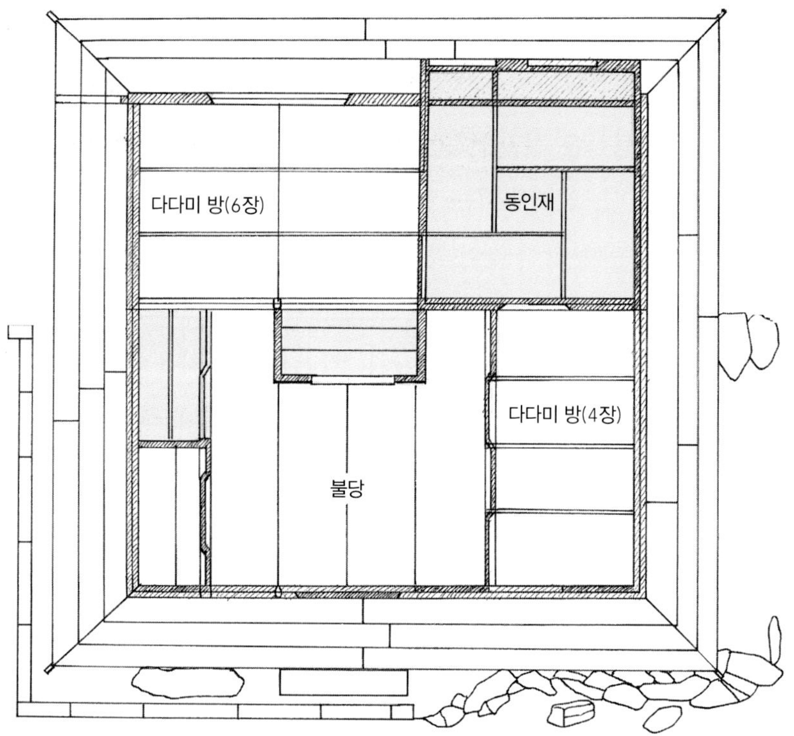

● 자료 3. 동구당 평면도

고온 다습한 기후와 다다미

도코노마에는 반드시 다다미를 깔았다. 다다미는 원래 침대처럼 귀족 등 신분이 높은 사람들이 쓰던 잠자리로 방 안에 1~2장 정도 까는 것이 일반적이었다. 그러나 쇼인즈쿠리가 등장한 15세기가 되면서 방 전체에 다다미를 깔게 되었다. 다다미 1장의 크기는 지방에 따라 크기가 조금씩 다르기는 하지만, 180센티미터×90센티미터가 기준 크기이다. 다다미 2장 반의 면적을 1평이라고 한다. 현재도 방이나 집의 크기를 말할 때, 미터법보다는 평을 이용하는 경우가 많다. 예를 들면 50평 토지(약 165평방미터)라면, 다다미 100장 분에 해당한다.

다다미는 그 속에 들어 있는 판자 상태의 다다미도코와 겉을 싸는 다다미오모테로 되어 있다. 다다미 속에 사용하는 것은 바로 볏짚이다. 다다미 1장을 만드는 데 볏짚

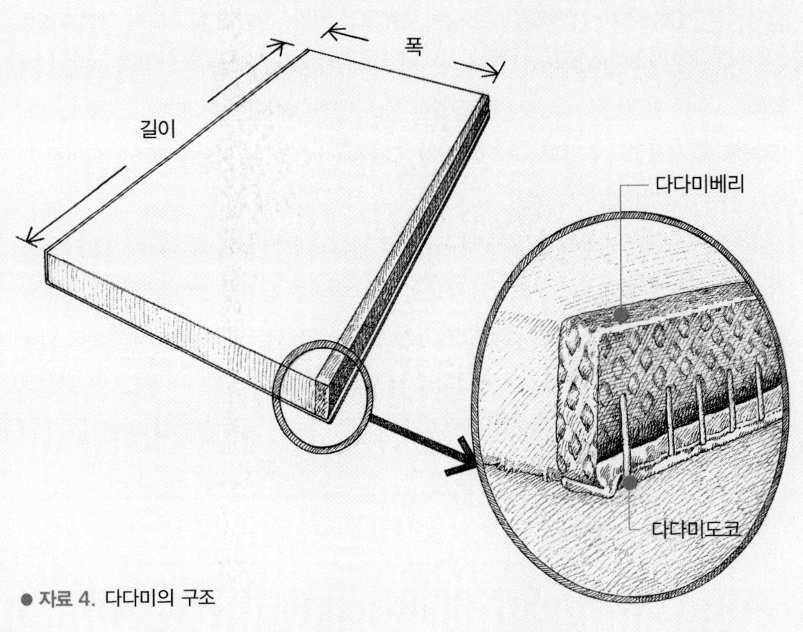

● 자료 4. 다다미의 구조

약 3만 5000본을 40센티미터 정도 쌓아올리고 그것을 5센티미터로 압축한다. 그리고 다다미오모테에 사용하는 골풀은 습지대에 자생하는 풀이다. 다다미 1장의 겉면을 만들기 위해서는 6000~7000줄기 정도를 사용해서 짠다. 장방형 다다미의 가장자리를 장식하는 천은 다다미베리라고 했고, 신분에 따라 사용하는 색깔이나 디자인이 정해져 있었다. 예를 들면 절이나 신사 등 특별한 장소에서 사용하는 다다미에는 고라이부치 (高麗緣)를 사용하도록 했다. 고라이부치는 조선에서 전해 온 귀한 천이라는 의미로 지금도 사용하고 있다.

　다다미가 일본인의 생활과 밀접한 관계를 맺게 된 것은 일본의 기후가 사계절의 변화가 크고, 특히 여름이 고온다습하기 때문이다. 다다미는 습기를 빨아들이기도 하고 배출하기도 해서 실내의 습도를 조절하는 기능이 있다. 또 다다미 속에 공기가 들어 있어서 여름의 더위나 겨울의 추위를 차단하는 보온 효과도 있다. 이런 다다미는 손님을 대접하는 공간인 도코노마에 적절한 깔자리가 되었다.

다방면의 예술을 발전시켰다.

15세기경 녹차 잎을 갈아서 가루로 만들어(가루차) 뜨거운 물을 부어 마시는 습관이 널리 퍼지고, 손님이 오면 가루차로 접대하는 습관이 양식화하여 다도가 탄생했다. 그리고 가루차를 마시기 위한 특별한 공간으로 다실을 만들었으며, 서원이나 다실을 장식하기 위해 화초를 사용하게 되었다. 그에 따라 화병이나 화분에 꽃을 꽂는 꽃꽂이도 의식화되어 화도(꽃꽂이)가 탄생했다.

13세기 이후에는 중국에서 족자가 많이 수입되었다. 주로 선종의 영향과 함께 먹의 농담만으로 표현하는 수묵화가 주류였다. 그러나 이 족자는 유럽 회화의 액자와 달리, 벽만 있는 일본 방에서는 장식하기가 어려웠다. 따라서 이런 족자 장식을 위해 15세기경에 도코노마가 생겼다. 도코노마는 도코바시라라는 나무 기둥을 세우고, 그 기둥의 안쪽에 족자나 꽃, 미술품 등을 효과적으로 보여줄 수 있는 공간이었다. 이렇게 해서 도코노마는 꽃이나 그림으로 장식을 하고, 차를 내어 손님을 접대하는 곳으로 일반 가옥의 대표적인 형식의 하나가 되었다.

도호슈와 아미의 예술

서원에 다양한 물건을 장식하게 되었는데, 장식하는 방법은 도호슈(同朋衆)들에 의해 정리되었다. 도호슈는 장군을 섬기면서 장군가에 들어가는 물건의 감정, 그림이나 정원 등의 제작, 가면을 쓰고 추는 춤(노), 꽃꽂이 등 다양한 분야에서 특수 기능을 발휘했던 사람들을 말한다. 꽃꽂이의 리쓰아미, 노의 간아미 등 아미(阿弥)라는 글자 앞에 한자 한 글자를 더 붙여서 이름을 만들었다.

아미라는 이름을 붙인 것은 그들이 아미타불을 믿었기 때문이다. 그들이 도호슈가 된 것은 무사가 전장에 그들을 데리고 간 것과 관계가 있다. 그들의 임무는 전사자가 생겼을 때 나무아미타불이라는 염불을 외고 영혼을 위로하는 것이었다. 또 평상시에는 무사들에게 염불을 외울 것을 권하면서, 언제 전사해도 좋다는 각오를 하도록 했다. 그들은 무장의 측근으로 다양한 일을 담당했으며, 무장에게 없어서는 안 될 존재였다. 그런 그들이 장군가의 도호슈가 되었다.

서원을 장식하는 사람 가운데는 그림 감정이나 장군가의 실내 장식을 담당한 소아미가 유명했다. 가라모노 중에서도 인기가 있었던 것은 그림이었는데, 가라모노가 귀하면 귀할수록 가짜도 많았다. 그래서 가라모노를 보는 안목이 필요하게 되었다. 그림이 진짜인지 가짜인지 감정하는 것이 소아미의 중요한 일 가운데 하나가 되었다.

풀리지 않는 료안지 석정의 수수께끼

사방이 산으로 둘러싸인 고토의 기타야마 기슭에는 료안지(龍安寺)가 있다. 15세기 말에 만들어진 료안지 석정_{자료 6}은 약 250평방미터의 장방형 정원으로 삼면이 낮은 담으로 둘러싸여 있으며, 풀이나 나무가 없는 하얀 모래 위에 15개의 자연석이 배치되어 있다.

가레산스이(돌과 모래를 배치하여 산수를 표현하는 양식)가 추상적인 풍

● **자료 6.** 료안지의 석정

● **자료 7.** 다이토쿠지 다이센인의 석정

경을 표현하고 있다지만 그래도 정원을 만든 사람의 의도가 대체로 전해
지는 것이 일반적이다. 료안지와 함께 유명한 교토 다이토쿠지(大德寺)
다이센인(大仙院)의 석정_{자료 7}의 경우를 보자. 길죽한 돌은 산이다. 거기
에 작은 강이 폭포가 되어 떨어지고, 거친 계곡물의 흐름을 따라 돌다리
를 흘러 큰 강이 되고, 다시 바다로 흘러 들어간다는 주제를 가레산스이
정원 속에 축소시켜 만든 것이다. 정원 속에 대자연이 다 들어가 있다.

그러나 료안지의 석정은 이런 자연을 모방한 정원이 아니다. 실은 이
정원이 무엇을 표현하고 있는지에 대한 정설이 없다. 모래는 바다 혹은
구름바다, 돌은 바다에 떠 있는 섬 혹은 구름 위에 솟아 있는 높은 산으
로도 보인다. 어느 방향에서 보아도 15개의 돌 가운데 하나는 보이지 않
게 배치되어 있으며, 보이지 않는 돌은 마음의 눈으로 볼 수 있다고 한
다. 선종의 정신세계가 표현되어 있다고도 한다. 이처럼 다양한 해석이
가능하며 딱히 정해진 해석은 없는 것이 료안지의 석정이다. 상당히 비

약적이고 상징적인 조형물이다.

가레산스이 정원에는 반드시 돌이 놓인다. 이 커다란 돌들을 운반하거나 나무를 심는 등 실제 정원을 만드는 일은 그 당시 최하층 계급인 가와라모노라 불리는 사람들의 몫이었다. 원래 그들 가운데 많은 사람들은 세금이 부과되지 않는 강 연안의 황무지에 살고 있었기 때문에 가와라모노라 불렸다. 그들의 일은 정원을 만드는 일을 비롯하여 우물 파기, 연못 청소, 가축의 시체 처리, 죽은 사람을 매장하는 일이었다. 그런 일들은 사람들이 싫어하는 더러운 일이라고 생각했기 때문에 그들은 차별받는 일이 많았다.

가레산스이 정원이 유행하면서 이들 가와라모노 중에서 정원 만드는 데 능숙한 자가 많이 생겼다. 그 중 뛰어난 한 사람이 젠아미(善阿彌)다.

아시카가 요시마사는 정원을 만들 때, 젠아미를 가장 신뢰했다. 요시마사와 그의 어머니 정원도 젠아미가 만들었다. 젠아미가 중병에 걸렸을 때, 그를 걱정한 요시마사는 그를 위해 특별히 지어 만든 약을 하사했으며, 그의 병 상태에 대해 매일 보고하라고 명령할 정도였다. 젠아미의 정원은 현재는 볼 수 없지만, 요시마사의 측근이었던 승려가 이런 기록을 남겼다.

> 작게 만들어 놓은 산인데, 마치 자연 그대로의 산과 물을 보는 것처럼 착각을 일으켜 망연해졌다.

젠아미가 얼마나 뛰어난 조원가(정원을 만드는 사람)였는지를 보여주는 이야기이다.

가레산스이 탄생의 비밀

10~12세기의 귀족들은 연못에 배를 띄우고 놀았다. 13~14세기에 들어와 선승이나 선종을 받아들인 무사들이 정원에서 연못 주변을 산책하면서 사색했다. 그 후 15세기부터 일본 정원에 새로운 양식이 나타났다. 그것이 바로 가레산스이이다. 물이 전혀 없는 정원이다. 선종의 자연관의 영향을 받아 정원의 양식도 추상화·상징화된 선의 정원, 즉 돌과 모래를 중심으로 하는 가레산스이가 만들어졌다.

가레산스이 정원이 태어난 배경은 세 가지다. 하나는 실내 장식 등의 발전에 따라 선종 종교의식의 장이 정원에서 건물의 내부로 옮겨간 것을 들 수 있다. 그래서 정원이 따로 필요 없게 되었다. 의식을 치르던 사원의 정원에는 하얀 모래를 깔아놓았는데, 그것은 햇빛을 하얀 모래에 반사시켜 어두운 실내에 빛을 끌어들이기 위한 묘책이었다. 그래서 쓸모가 없어진 정원에 돌을 배치하고, 종교적 의미도 부여한 새로운 정원 만들기 방법이 이 시대에 시작되었다.

두 번째로는 부지의 문제를 들 수 있다. 선종 사원의 대부분이 도시 안에 건립되면서, 자연의 경관을 그대로 끌어들이는 큰 정원이 아니고, 자연을 추상화해서 축소한 정원을 만들게 되었다. 이런 작은 정원의 출현에는 12세기 이후 유행했던 분재의 영향도 있다.자료 8 지금도 많은 사람들이 취미로 분재를 키우고 있는데, 화분 안에 작은 나무나 돌을 배치해서 자연 경관이 들어 있는 작은 정원을 만든 것이다. 연못을 만들지 않는다는 점이 가레산스이와 공통되는 점이다. 이 분재가 가레산스이 발상의 원인이 되었다.

● **자료 8. 분재**

그리고 마지막으로 수묵화의 영향을 들 수 있다. 수묵화는 경치 전부를 그리지 않고 생략해서 그리는 것이 특징이다. 생략된 공간은 보는 사람의 상상력으로 채워진다. 좌선을 하고 깨달음의 길에 도달하려는 선승들이 수묵화의 세계를 3차원적으로 표현한 가레산스이 정원을 절의 정원으로 끌어들인 것은 당연하다고 할 수 있다. 이처럼 가레산스이를 채택하고 그것이 유행한 배경에는 지극히 높은 정신세계가 숨어 있다.

정원 만들기에 나타난 길흉·음양 사상

정원을 만들 때 토목이나 수리 기술뿐 아니라, 나무나 돌의 선정과 배치 등의 예술적 감각, 그리고 정원에 관한 규칙 등의 이론을 알아야 한다. 가와라모노의 지식이나 교양의 수준을 보여주는 에피소드를 소개한다. 어떤 절의 정원을 만들게 된 가와라모노가 승려에게 다음과 같이 말했다.

사각형의 정원 안에 한 그루의 나무를 심으면 '곤(困)'이라는 글자가 됩니다. 그러나 여기에 매달릴 필요는 없습니다. 앞서 내가 어떤 저택의 정원을 만들

없습니다만 그때 한 그루의 나무를 심었습니다. 그러자 어떤 승려가 그것을 비난했습니다. 그래서 나는 이렇게 말했습니다. "이 저택의 주인은 여성입니다. 심은 나무는 벚나무입니다. 벚꽃은 봄의 꽃으로 양에 해당하는 것이지요. 주인이 음이고 꽃이 양이니 이것이야말로 음양이 상응하는 아주 좋은 예가 아니겠습니까?"(『로쿠온니치로쿠(鹿苑日錄)』)

이와 같은 이야기는 이 시대의 여러 기록에서 볼 수 있다. 이런 기록에서 일관되게 보이는 것은 가와라모노들이 길흉이나 음양 등 전통적인 사상을 잘 알고 있었다는 것이다. 더 중요한 것은 정원을 만들 때 금기 사항을 중요하게 생각하면서도 그것을 극복하는 새로운 경지를 열어 가는 상상력을 키워 갔다는 것이다.

아미라는 이름을 가진 사람들에 의해 만들어졌던 문화는 현재까지 계속해서 일본 전통 문화의 원류로 자리잡고 있다.

전통 가옥으로 보는 양반 생활

사는 집을 보면 살아가는 모습이 보인다. 조선시대의 양반들은 어떤 곳에 어떤 집을 짓고 살았을까? 양반의 삶터를 통해 양반들이 무슨 생각을 하며 살았을지 생각해 보자.

어디에 마을을 만들었을까?

자료 1은 한국 어디서나 볼 수 있는 전통 마을 전경이다. 마을 뒤에는 나지막한 산이 감싸고 있고 앞에는 너른 들판이 펼쳐져 있다. 왜 한국인들은 이런 곳에 마을을 만들었을까?

한국은 일본과 같이 겨울이 되면 북서쪽에서 차가운 바람이 불어온다. 난방을 하기 힘들었던 시절 이 찬바람을 막지 못하면 겨울나기가 쉽지 않았다. 마을 뒷산이 남쪽이 아닌 북쪽에 있는 것은 이 때문이다. 반대로 남쪽은 확 트여야 좋았다. 봄여름에는 바람을 마음껏 맞아도 좋았기 때문이다. 남쪽 땅이 기름지고 식수와 농업용수를 구하기 쉬운 곳이라면

더할 나위 없이 좋은 조건을 갖추었다고 할 수 있다.

집은 대개 산자락에 지었다. 물론 아무 곳이나 고른 것은 아니다. 어떻게 좋은 집터를 골랐을까? 먼저 땅을 덮고 있는 흙을 걷어냈다. 생땅이 나오면 사방 60센티미터 정도를 팠다. 판 흙을 덩어리지지 않게 잘 부수어 다시 덮었다. 이튿날 메운 흙이 폭싹 꺼져 있으면 기운이 없는 나쁜 땅이고, 솟아 있는 땅이면 기운이 넘쳐 복을 받을 땅이라 여겼다.

조선시대 때는 누구나 다 이런 명당에 살고 싶어 했고 실제로 지배층인 양반들은 그렇게 살았다. 왜냐하면 양반들도 명당에 살면 땅의 좋은 기운을 받아 그 집안이 번성한다고 믿었기 때문이다. 이제 양반들의 집과 생활 공간 속으로 들어가서 양반들을 만나 보자.

양반의 생활 공간 사랑채

조선시대 양반의 집은 어떤 구조였을까? 양반들은 검약을 미덕으로 삼았으므로 큰 집을 짓지 않았다. 국가에서도 집의 대지와 크기를 제한하였다. 아무리 관직이 높은 양반이라도 99칸을 넘는 집은 지을 수가 없었다. 한국의 전통 한옥에서는 두 기둥으로 만들어지는 공간을 한 칸이라고 부른다. 보통 '초가 삼간'이라 하면 부엌, 마루, 방이 각 한 칸씩인 집을 말한다.

이제 지금도 옛날 그대로 보존되고 있는 윤증 가문의 가옥을 통해 양반의 생활 공간을 살펴보자.자료 2 윤증은 17~18세기에 활동한 학자이다. 그는 당시 학문과 행실이 뛰어나 최고위 관직까지 임명받았으나 관직에 나아간 적은 없었다. 관직에 나가지 않는다는 것은 국왕이 관리로 임명을 하여도 사양을 하며 부임하지 않는 것을 말한다. 대신 그는 지방의 자기 집에 머무르며 서신과 인적 교류를 통해 학계와 정치권에 큰 영향을 끼쳤다.

윤증 가문의 가옥이 조선의 양반 집들을 대표할 수는 없지만, 현재 남아 있는 양반 집들의 일반적인 특징을 많이 갖추고 있으므로 이를 통해 당시 양반 가옥과 양반 생활을 살펴보자.

윤증가의 집은 나지막한 구릉에 있다. 낮은 언덕을 올라가노라면 주인이 있는 사랑채가 보인다.자료 3 주인은 대청이나 사랑방에 앉아 누가 오는지를 볼 수도 있다. 한옥은 평지 위에 기단을 조성하고 그 위에 집을 지었다. 기단은 신분에 따라 층이 달랐다. 궁궐이나 왕가에서는 잘 다듬은 긴 돌을 이용하여 기단을 조성하였다. 양반가에서는 다듬은 돌로 2층

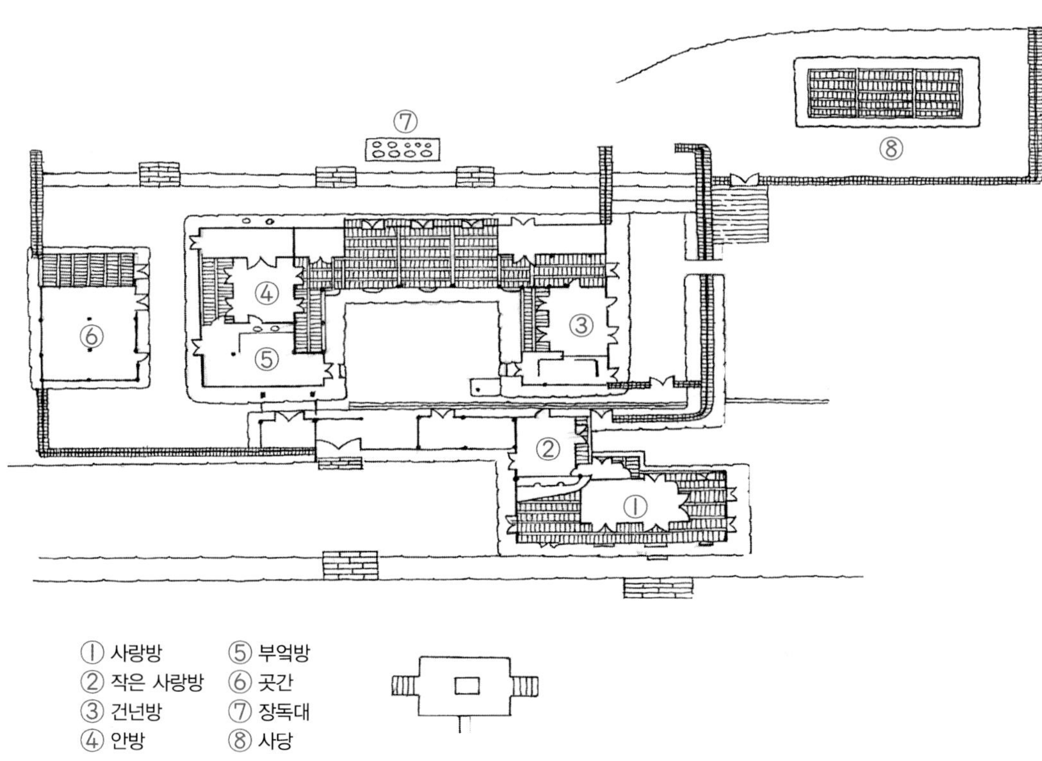

● 자료 2. 윤증가의 구조도

의 기단을 사용하였고, 백성들은 막돌을 쌓아 기단을 조성하였다. 윤증가의 집도 들어가는 입구를 2층의 기단으로 만들어, 사랑채에 앉으면 시야가 확 트이게 하였다. 윤증이 고위 관직을 받았기 때문에 이러한 형식으로 지은 것이다.

사랑채에는 집의 가장이 생활했다. 학문을 닦는 것이 기본 소양이었던 사대부들은 사랑채에 기거하면서 공부와 함께 친지나 동문 선후배들과 교류했다. 학식이 높거나 관직이 높은 인물의 경우에는 사랑채에 손님이 끊이질 않았다. 오는 손님을 거절하지 않는 것이 관례였으므로 길을 가

● **자료 3.** 윤증가의 사랑채 전경

던 양반들도 사랑채의 한 부분에서 숙식을 해결할 수 있었다.

윤증가의 사랑채**자료 2-①**는 바깥 3면이 마루로 되어 있다. 그리고 그 안에 온돌을 들인 방이 있다. 방은 추위를 피하거나 귀한 손님을 맞는 곳이다. 방과 방을 연결하는 곳이나 방의 앞부분 등에는 나무로 만든 마루가 있다. 마루는 나무를 붙여 만든 것으로 온돌을 설치하지 않았다. 따라서 여름에 주로 사용했다. 방과 방 사이에 있는 큰 공간을 대청(大廳)이라 하는데, 이곳에 마루를 놓았다. 규모가 작은 집은 대청 대신에 앞면에 폭이 좁은 마루를 놓았다.

일본은 한국의 툇마루와 같은 마루(廊下)가 집을 빙 둘러가며 만들어져 있다. 또는 집의 가운데 방 사이에 복도처럼 마루가 있는 것이 보통이다. 한국의 마루는 주로 전면이나, 대청처럼 방과 방 사이에 널찍하게

● **자료 4.** 한옥 사랑방

만들어져 있다. 마루는 가족 또는 이웃과 만나는 공간이기도 하고, 학문을 토론하는 자리가 되기도 했다. 마루는 언제나 개방된 공간이었다.

이곳은 학문을 논하는 자리이기도 하였으므로 필기구 등이 놓여 있고, 책상이 반드시 있었다. 주인의 뒤에는 병풍이 쳐 있었다. 조선의 양반은 시(詩)·문(文)만이 아니라 그림에도 조예가 있었다. 이들은 주로 사군자 등을 중심 소재로 그림을 그리면서 정신을 수양하였다. 또한 음악으로 심신을 수련하는 유교 전통에 따라 거문고 같은 악기를 익혔다. 벽으로는 책 등을 넣는 문갑과 사각장이 있어, 자기나 난초 등을 올려놓고 이를 감상하거나 이를 소재로 그림을 그리기도 하였다.

한국의 온돌

한옥에는 방에 구들을 놓은 온돌이 설치되어 있다. 온돌은 아궁이에 불을 때서 음식을 익히고 동시에 불길을 따라 구들을 덥히는 것이다. 바닥에 골을 만들고 그 위에 납작한 구들을 연이어 깔았다. 불길이 지나면서 구들을 덥히고 방바닥과 공기를 덥혔다. 또 바닥에 남은 불씨는 화로에 담아 방 안 공기를 덥히거나 찌개를 끓이는 데 사용하였다. 여름에는 습기를 제거하기 위해 가끔 불을 땠고, 밥 짓는 곳은 마당 등에 솥을 걸어 만들었다. 이는 한국의 전통적인 난방 방식이었다.

　일본에서는 방바닥 일부를 잘라내고 그곳에 재를 깔아 취사나 난방을 위해 불을 피우는 이로리(圍爐裏)를 설치했고, 방바닥에는 다다미를 깔아 냉기와 습기를 막았다. 러시아에는 온돌을 세워 놓은 것 같은 벽체 난방법이 있었다.

　브리태니커 사전에도 'ondol'이 기재되어 있다. 한국의 현대화된 아파트에는 구들 대신 배관을 깔아 물을 순환시키는 방법으로 난방을 하고 있다. 이러한 형태의 온돌은 최근에 중국이나 일본 등의 건축에서도 일부 사용되고 있다.

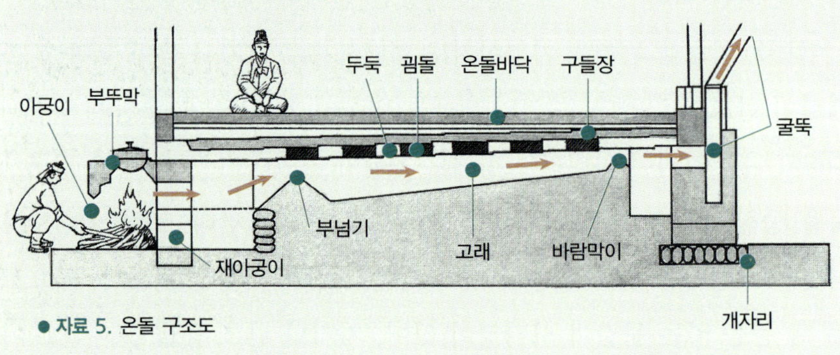

● **자료 5.** 온돌 구조도

내외 구별과 안채

한옥은 가장이 거주하는 사랑채와 안주인이 사는 안채로 크게 나뉜다. 안채에 들어가고자 하는 사람은 안과 밖을 나누는 중문을 거쳐야 했다. 중문을 들어가기 위해서는 안주인의 허락을 받아야 한다. 조선이 남존여비의 시대라고만 할 수 없는 이유이다. 사랑채에서는 작은 문인 중문을 거쳐 안채로 통하게 되어 있었다.

안채에는 안주인이 거주하는 곳과, 별당이라 하여 시집을 가지 않은 딸들이 거주하는 곳이 있었다. 이것은 유교의 오륜 중 '부부유별(夫婦有別)'이라는 윤리가 반영된 것이기도 하지만, 상대방을 위한 배려이기도 하였다.

재미있는 것은 작은 사랑채_{자료 2-②}에서는 직접 안채로 통하는 문이 있다는 것이다._{자료 6} 작은 사랑채에는 결혼한 아들이 거주했다. 조선시대에는 조상을 중시하여 제사에 정성을 다하였다. 조선 중기 이후 조상에 대한 제사는 아들에게만 물려주었기 때문에 아들을 낳지 못하면 가문이 끊긴다고 생각하였다. 가문을 잇기 위해서는 아들을 낳아야 하고, 낳지 못하면 양자라도 들여야 했다. 또한 전통 농경 사회에서는 자식을 많이 낳아야 복이 많다는 관념이 일반적이었다. 자손의 번성을 위해 결혼한 아들은 중문을 거치지 않고 직접 아내에게 갈 수 있는 길을 열어놓은 것이다. 어떤 가옥은 다락에 비밀 통로를 만들어 사랑채와 안채를 연결해 놓기도 했다. 윤증가에서는 아마 건넌방_{자료 2-③}에 며느리가 기거하였을 것이다. 이것은 양반들이 내외 구별이라는 형식은 존중하면서 실제 생활의 융통성을 추구한 것이라 할 수 있다.

● **자료 6.** 중문은 안주인이 사는 공간과 바깥주인이 사는 공간을 구분하였다.

● **자료 7.** 장독대

안채에서 가장 중요한 공간은 여주인이 거주하는 안방자료 2-④과 부엌자료 2-⑤이었다. 안방의 여주인은 안채를 관장하면서 살림을 책임졌다. 집 안사람들의 식사도 준비해야 하였다. 부엌은 가족들의 음식을 만드는 곳이다. 따라서 쌀과 부식을 넣어두는 곳간자료 2-⑥과 장독이 가까이에 있어야 했다. 장독대자료 2-⑦는 부엌이 가깝고 햇볕이 잘 드는 곳에 만들었는데, 여기에는 간장, 된장, 고추장 등을 저장한 항아리를 놓았다. 부엌은 음식을 만들고 난방을 위해 불을 지피는 장소로, 그 일은 주로 아낙들이 담당하였다. 부엌에는 부뚜막이 있고, 그 위에 가마솥이 걸렸다.

부엌은 아낙들이 활동하는 공간이었으므로, 여성들이 함께 모여 이야기를 나누는 교제의 장이자 시집살이의 설움을 털어낼 수 있는 곳이었다. 또 혼자일 때는 사색의 공간이기도 하였다. 안채의 뒤에 만들어지는 후원도 여성들의 공간이었다. 집의 정면에 정원을 만들지는 않지만 바깥 출입이 자유롭지 않았던 여성들을 위하여, 양반가에서는 후원을 만들어 한정된 곳에서 꽃과 나무를 기르게 하였다. 그 뒤로는 조상의 위패를 모시고 제사를 지내는 사당자료 2-⑧이 있다. 이러한 사당은 조상과 제사를 중시하는 사상이 반영된 곳으로, 현재도 한국의 어느 지역을 가든지 쉽게 만날 수 있다.

안채는 내보이는 공간이 아니라 여성들의 생활터였으므로 생활에 편리하고 기능적인 측면을 고려하였다. 반면 사랑채는 내보이는 정치적 공간이었다. 따라서 잔뜩 멋을 부렸고, 개방적이고 권위적인 모습을 갖추었다고 하겠다.

양반가의 정원

자료 8은 윤증가 앞에 있는 연못이다. 한국의 양반 가옥에는 일부러 만든 정원이 없다. 공간이 있으면 화단이나 정원을 만들어 꽃과 나무를 심는 일본과 차이가 있다. 조선시대 궁궐 중 정원이 가장 아름다운 창덕궁의 후원조차도 잘 가꾼 화단이나 조경된 나무를 찾아볼 수 없다. 궁궐의 연못을 거닐어도 꽃을 가꾼 화단을 볼 수 없다.

윤증가의 마당에도 몇 그루의 나무만 있을 뿐이다. 윤증가에는 다른 양반 가옥과 달리 큰 연못이 조성되어 있다. 그러나 그 연못도 일본의 정원처럼 나무와 꽃으로 장식하고 있지 않다. 연못 안에 조그마한 섬이 하나 있을 뿐이다.

한국의 정원으로 유명한 소쇄원에도 계곡 물을 물통에 받아 잠시 저장한 작은 연못이 두 개 있을 뿐이다. 일본식 정원으로 유명한 긴가쿠지의 정원은 연못을 중심으로 주위에 돌, 꽃, 나무를 배치하여 정원을 조성하였다. 연못 안에 섬을 만드는 중국의 신선 사상이 반영된 것이라 하겠다. 이것은 서양의 정원이 큰 화단을 중심으로 하고, 한쪽에 분수를 만들어 놓은 것과 대비된다.

연못의 옆에는 마당이 있다.자료 9 마당은 농사일 등을 마무리하는 노동의 공간이면서 세상을 관조하는 여유의 공간이기도 하다. 윤증가의 마당도 넓은 공터로 존재한다. 일본의 마당에는 정원을 만들어 놓았지만 한국의 마당은 비어 있다. 인위적으로 정원을 만들지 않고, 있는 그대로의 자연을 정원으로 삼은 것이다. 마당에서 반사된 빛은 은은하게 방 안 구석구석을 비추는 조명 기구의 역할을 하기도 하였다.

● **자료 8.** 윤증가의 연못

● **자료 9.** 윤증가의 마당

한옥의 담장은 낮다. 윤증가의 뒷담은 거의 없는 것처럼 보인다. 담장이 뒷산과 어우러진 선으로 부드럽게 세워져 있다. 집을 지키는 건축물이라고 하기보다는 하나의 예술적 공간처럼 보이기도 한다. 담장이 낮아 누구나 마당 안을 들여다볼 수 있다. 담이 낮아 집 안에 있는 사람도 담장 밖의 자연을 자신의 것으로 소유할 수 있다. 내 집 안의 정원을 즐기기보다 있는 그대로의 자연을 즐기려는 생각이 반영된 것이다.

담장이 있건 없건 한옥은 개방된 공간 구조를 갖는다. 대문 안에 펼쳐진 마당, 넓은 대청 등은 항시 손님을 맞을 준비를 한다. 마을의 자연을 함께 공유하는 이들은 이미 남이 아니었던 것이다.

동아시아를 뒤흔든 임진왜란

임진왜란은 1592년에 일어나 7년간 계속되었다. 이 전쟁은 어떠한 배경에서 일어났으며, 조선 사람들은 어떻게 대항하여 싸웠을까 ? 또 이 전쟁이 남긴 것은 무엇일까?

전쟁이 일어나기 전 동아시아 정세

16세기 조선·명·일본 세 나라는 모두 농업 생산력이 발전함에 따라 상공업과 국제무역이 활기를 띠었다. 명과 조선에서 비단과 면포 등을 수입해서 큰돈을 번 일본 상인들은 두 나라에 수출량을 늘려 달라고 요청하였다. 하지만 자국 내 수요 문제로 두 나라가 이를 받아들이지 않자 일본 상인들은 소란을 일으켰다. 화가 난 조선과 명은 일본과 교역량을 줄이거나 아예 거래를 끊었다. 게다가 일본이 전국시대(1467~1568)라는 혼란기에 빠지자, 일본 상인들은 조선과 명에 가서 밀무역을 하거나 약탈 행위를 하였다.

16세기 중반에는 포르투갈과 에스파냐가 주도한 신항로 개척의 여파가 동아시아까지 밀려왔다. 이 시기 유럽 상인들은 남미에서 가져온 은으로 중국과 일본의 비단, 모직물, 자기 등을 샀다. 이 국제무역은 명과 일본에 많은 경제적 이익을 주었다. 특히 이 과정에서 포르투갈 선원들은 일본에게 조총을 전해 주었다.

그런데 16세기 후반이 되면서 동아시아 정세가 서서히 변화하였다. 대륙에서는 명이 정치 혼란, 농민 반란, 외적 침입 등에 시달린 반면 후금(청)은 갈수록 세력을 키우고 있었다. 일본에서는 100여 년에 걸친 전국시대의 혼란이 수습되고 있었다. 조선은 해안과 국경의 소동을 제외하면 큰 전쟁이 없는 평화시대를 200년 정도 구가하면서 국방력이 약해졌다.

조선, 일본에 통신사를 파견하다

오다 노부나가에 이어 일본의 새로운 지배자가 된 도요토미 히데요시는 조선과 명을 정복하려고 했다. 도요토미는 침략 준비를 진행하면서 조선에 사신을 보내 명을 정복하는 데 선봉이 되라고 요구하였다. 사신으로 온 쓰시마 번주는 그동안 두 나라의 교류 창구 역할을 해왔다. 조선이 이런 요구를 들어줄 리 없음을 잘 알고 있던 쓰시마의 번주는 국서 내용을 이렇게 바꾸었다. "도요토미가 새 일본 국왕이 되었다. 친선 사절(통신사)을 파견해 주기 바란다."

처음 조선 조정은 이마저도 거부하였다. 하지만 쓰시마 번주의 거듭된 요청과 일본 정세를 파악할 필요성 때문에 통신사를 파견하기로 하였다.

● **자료 1.** 도요토미 히데요시

이 무렵 조선 조정은 정치적 성향이 비슷한 사람들끼리 집단을 형성하며 정권을 잡기 위해 경쟁을 벌이고 있었다. 이를 붕당정치라 한다. 붕당정치는 상대 집단을 서로 비판하고 견제하면서 정치를 잘 운영할 수 있는 장점이 있었다. 하지만 때로는 자신이 속한 집단의 이익을 나라의 이익보다 앞세우기도 하였다. 임진왜란이 일어나기 직전 조선 조정은 동인과 서인으로 나뉘어 날카롭게 대립하고 있었다. 1590년 일본에 간 통신사도 서인이 정사를 맡고 동인이 부사를 맡았다.

그런데 함께 일본에 다녀온 정사와 부사가 일본 정세에 대해 전혀 다른 보고를 하였다.

> **정사 황윤길**(서인) : 히데요시의 눈이 번쩍번쩍 빛나고 담력이 있어 보였다. 일본이 많은 병선을 준비하고 있어 장차 일본이 반드시 침입해 올 것이다.
> **부사 김성일**(동인) : 히데요시는 몸집도 작고 보잘것없는 인물이고, 두려워할 바가 못 된다. 침입의 낌새를 보지 못했다.

당시 조선 조정은 동인 세력이 강했다. 이 때문에 서인인 정사 황윤길의 의견은 끝내 묵살되고 말았다. 붕당 대립이 일본을 비롯한 동아시아에 나타난 정세 변화를 파악하는 데 걸림돌로 작용한 것이다.

일본, 조선을 침략하다

1592년 음력 4월 14일 부산 앞바다에 일본군이 나타났다. 수백 척이 넘는 배에서 내린 일본군은 순식간에 부산진성을 함락시켰다. 다음날 일본군은 부산진성과 가까운 동래부성을 공격했다. 1709년에 그린「동래부순절도」는 당시 긴박했던 동래성 전투 상황을 잘 보여준다. '순절'이란 나라를 위해 목숨을 버렸다는 뜻이다.

자료 2를 보면 작은 동래부성이 일본군에게 에워싸여 있다. 마치 당시 조선의 사정을 말해 주고 있는 듯하다. 그림 중앙에는 동래부사가 부하들과 함께 마지막으로 임금이 있는 북쪽을 향해 절하고 있다. 갑옷 위에 붉은 옷을 입고 있는 사람이 동래부사이다. 절을 올린 뒤 동래부사는 "외로운 성에 달무리 지고 군진에는 기척 없네, 군신의 의리가 중하니 부모 은혜 가볍네"라는 글을 아버지에게 남기고 끝까지 항전하다 죽었다.

동래부사 송상헌을 비롯한 관민들은 죽음을 각오하고 싸웠다. 하지만 수적 열세에 밀려 성 오른쪽 언덕을 타고 넘어온 일본군에게 성은 함락당하고 말았다. 평범한 동래부 민중들도 끝까지 저항하였다. 관아 건물 지붕 위에서 남자 한 명과 여자 두 명이 일본군에게 기와를 깨 던지고 있다. 일본군이 떠난 뒤 이 남자의 어머니가 돌아와 보니, 이들이 일본군 3명과 함께 죽어 있었다고 한다. 이와 같이 임진왜란 중에 민중들이 관군과 마음을 합해 싸운 이야기는 매우 많다. 물론 모든 사람이 저항했던 것은 아니다. 성 뒤편으로 도망가고 있는 관리가 보인다. 이들이 도망간 뒤 동래부 군사들의 사기는 갑자기 떨어졌다. 전쟁 초반 민중들에게 산으로 피하라는 지시만 내리고 도망가는 관리와 왕실을 향한 민중의 불신

● 자료 2. 「동래부순절도」

은 커져만 갔다.

1592년 4월 14일 부산에 상륙한 일본군은 5월 2일에 수도 한성(서울)에 들어갔다. 보통 조선 사람들이 한성에서 부산까지 걸어서 가는 데 대략 7~8일 정도 걸렸다. 이 거리를 일본 침략군은 조선군과 전투를 벌이면서 거의 20일 만에 돌파한 것이다. 한때 명나라는 조선이 일본과 결탁하지 않았다면 이렇게 빨리 올라올 수 없었을 것이라고 의심하였다.

조선을 침략한 일본군은 15~16만 정도였는데, 이 숫자는 도요토미 히데요시가 일본 국내를 통일하기 위해 동원한 군사보다도 적었다. 그렇다면 조선이 이렇게 허무하게 무너진 까닭은 무엇일까 ?

장기간 평화가 지속되면서 조선에서는 군인이 전투보다는 각종 토목 공사에 동원되었다. 이것은 백성들이 군인으로 복무하는 것을 기피하게 만들었다. 그래서 관청이나 군대에서는 군인으로 복무해야 할 사람들을 포를 받고 면제해 주거나, 다른 사람을 대신 내보내는 불법적인 일이 많아졌다. 나중에는 국가에서 공식적으로 포를 받고 군인으로 복무할 사람을 모집하기도 하였다. 그래도 군인으로 복무하는 것에 부담을 느껴 도망가는 사람이 늘어났다. 일본군이 전쟁 초기 단시간 내에 조선을 점령할 수 있었던 이유는 조선의 군사 조직이 이처럼 약해져 있었기 때문이다.

전세는 역전되었으나, 민중들의 고통은 계속되고

조선 수군은 5월 7일 경상도 옥포 앞바다에서 벌어진 전투에서 최초로 승리하였다. 이순신이 이끈 수군의 승리는 서해안으로 무기와 식량을 보급하려던 일본군의 계획을 막을 수 있었다. 또한 조선 군민에게 일본군을 물리칠 수 있다는 희망과 용기를 주기도 했다.

각 지방에서는 민간 군대인 의병이 자발적으로 조직되어 향토 방위에 나섰다. 붉은 옷을 입고 전투에 참가하여 홍의장군이라 불린 유명한 의병장 곽재우에 대한 기록을 살펴보자.

> (경상도) 의령에 사는 곽월의 아들 곽재우는 젊어서 활쏘기와 말타기를 연습하였고 집안이 본래 부유하였습니다. 변란이 일어나자 재산을 들여 의병을 모집하니 수하에 장사들이 상당히 많았습니다. … 왜적에게 사로잡혔던 사람이 돌아와 이렇게 말합니다. "왜적들이 이 지방에는 홍의장군이 있으니 조심하여 피해야 한다고 말한다." 그 덕분에 의령 고을 사람들이 조금 편안해졌습니다.
> (『조선왕조실록』)

곽재우처럼 의병들은 자신의 가족과 재산, 그리고 마을을 지키기 위해 기꺼이 전투에 참가했다. 이들은 익숙한 지리를 이용한 기습 공격으로 일본군에 큰 타격을 주었다. 이 덕분에 조선 관군은 전열을 가다듬을 시간을 벌 수 있었다. 의병 부대는 적게는 100여 명에서 많게는 1000여 명 정도였고, 7년 전쟁 중 활동한 의병은 3만여 명 정도였다.

수군의 승리와 의병 활동, 관군의 전열 정비 등으로 전세가 바뀌던 1593년 왕이 요청한 명 지원군 4만 명이 조선에 도착하였다. 명이 지원군을 파견한 가장 중요한 이유는 일본군을 조선에서 막아 명이 직접 피해를 입는 것을 막기 위해서였다. 조·명 연합군은 먼저 평양성을 탈환하고 북상하고 있던 일본군을 한성까지 후퇴시켰다. 자료 3 명 지원군은 전세를 바꾸고, 왕실과 관리들이 피난 가는 바람에 풍전등화처럼 흔들리던 조선 사회를 안정시키는 데에는 도움을 주었다. 하지만 전쟁으로 먹을 것이 모자랐던 백성들은 전쟁이 끝날 때까지 명 군사들에게 식량을 제공해야 했다. 때로는 군기가 해이해진 명군이 일본군처럼 일반 백성들의 집을 습격하기도 하였다. 이러한 명의 군사들을 당시 선조 임금은 "한편으로는 반갑지만, 한편으로는 두렵다"고 말하였다.

● 자료 3. 조·명 연합군의 평양성 입성

다시 시작된 전쟁

명은 전쟁에 적극적으로 참여할 생각이 없었으므로, 조선의 반대에도 불구하고 일본에 강화 협상을 제안했다. 일본은 전세가 불리해지자 명의 강화 제안을 받아들였고, 1593년 5월에 명의 강화 사신이 일본으로 출발했다.

화의가 진행 중이던 1593년 6월 진주성이 일본군의 공격을 받아 수만 명이 희생되었다. 하지만 일본군의 중국 침략을 저지하고 싶었던 명은 강화 교섭을 계속했다. 강화 협상이 진행되고 있는 동안 일본군은 남해안까지 철수하여 일본식 성인 왜성을 쌓고 그곳에 병사를 주둔시키고 있었다.

　4년에 걸쳐 진행된 협상을 마무리하기 위해 1596년 명 황제의 사신이 오사카에 도착했다. 도요토미는 강화 협상 기간 중에 일본과 명의 무역 재개와 조선의 남부 4도를 넘겨줄 것 등 7개의 강화 조건을 내걸었다. 명과 조선은 이러한 일본의 무리한 요구를 받아들이지 않았다. 사신을 통해 어떤 요구 조건도 받아들여지지 않은 것을 확인한 도요토미는 1597년 조선에 대한 침략을 재개하였다. 이 전쟁을 정유재란이라고 부른다.

　정유재란 때 도요토미는 경상, 전라, 충청도를 완전히 점령한 뒤에 북진할 계획을 세웠다. 일본군은 칠천량 해전에서 조선 수군을 괴멸시키고 전라도와 서해안 지역으로 진출을 시도하였다. 그러나 이어진 명량해전에서 이순신은 조선의 해안 지형과 조류 변화를 이용하여 함선 12척으로 10배 이상의 전력을 자랑하던 일본 수군을 대파하였다. 결국 일본군의 전라도와 서해 진출은 좌절되었고, 정유재란은 새로운 국면을 맞게 되었다.

　1592년과 달리 조선과 명의 육군도 일본군의 공격에 대한 대비 태세를 갖추고 있었다. 일본군은 더 이상 진군하지 못했고, 남해안 지역에 있던 왜성을 거점으로 싸웠다. 자료 4는 울산 왜성에 있던 일본군을 조·명 연합군이 압도적인 병력으로 포위 공격하는 그림이다. 13일 동안 전투가 계속되었는데, 포위된 성안의 일본군은 갈증과 기아와 추위로 고통받았다. 식량이 바닥난 뒤에는 말이나 소를 잡아먹었고, 이마저 없어지자 종이나 흙벽을 먹기도 했다. 1598년 1월 4일 결국 일본의 구원군이 달려와 배후에서 공격하는 바람에 성은 함락되지 않았다. 하지만 강력한 조·명 연합군을 생생하게 목격한 뒤 전투 의욕을 상실한 일본군 병사가

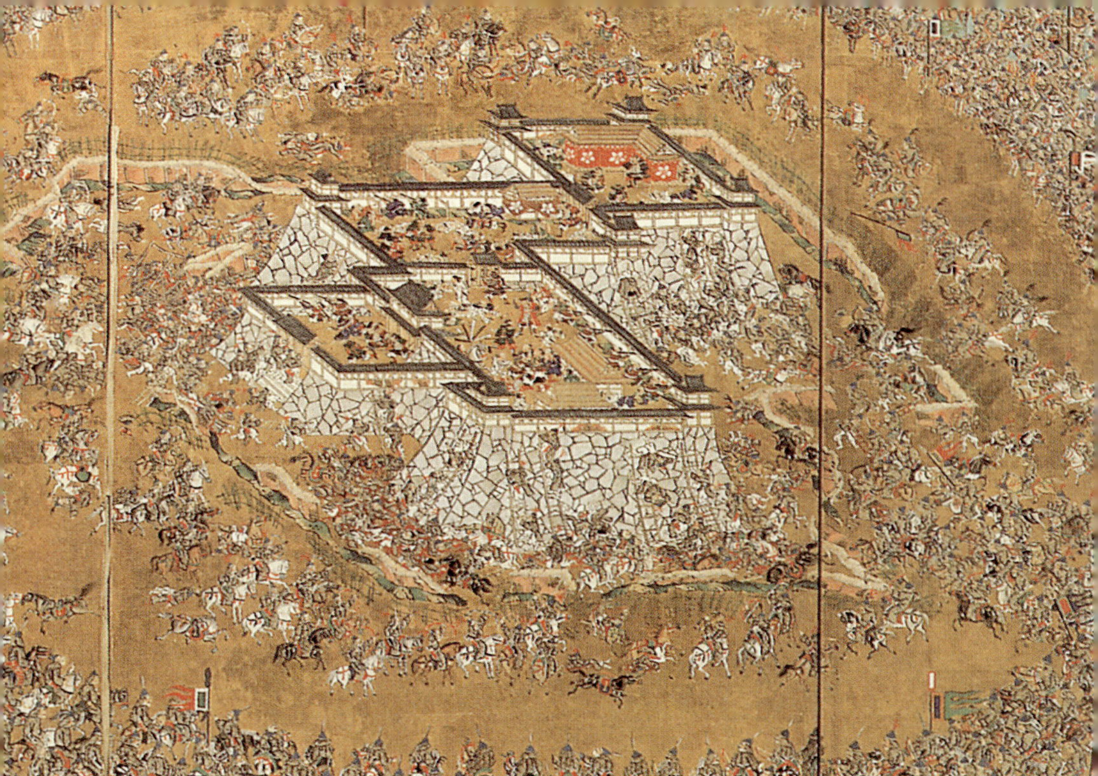

● **자료 4.** 울산성 전투

많아졌다. 마침내 1598년 8월 18일 도요토미가 죽자 조선에 있는 일본 군이 철수하면서 임진왜란은 끝났다.

일본에 남아 있는 임진왜란

일본의 교토 국립 박물관 옆에는 도요토미 히데요시를 신으로 모신 도요 쿠니 신사가 있다. 이 도요쿠니 신사의 맞은편에는 귀무덤이 있다. 정유 재란 때 도요토미는 전라도를 전멸시키라는 명령을 내렸다. 이에 모든 다이묘들은 전공의 증거로서 일본 병사 1인당 조선인의 코 3개를 베어

● **자료 5.** 도요쿠니 신사(왼쪽)와 귀무덤(오른쪽)

오도록 할당하였다. 곧 전쟁터에서는 무차별 코베기가 실시되었다. 도요토미는 죽기 1년 전인 1597년 한반도에서 보내온 조선인 약 5만 명의 코를 묻고 코무덤이라 불렀다. 이 코무덤을 지금은 귀무덤이라고 부르는데, 많은 일본인들은 왜란이 끝난 후 죽음을 당한 조선인들의 영혼을 위로하기 위해 만들었다고 한다. 그러나 위용을 자랑하는 도요쿠니 신사와 그 앞에 있는 귀무덤을 바라보는 한국 사람들도 과연 그렇게 생각할까?

전쟁으로 나라와 운명이 바뀐 사람들

이삼평은 임진왜란 때 일본으로 끌려간 도공이다. 그를 끌고 간 사가 현 다이묘는 가나가에 산페이라는 이름을 지어주고 도자기를 만들게 했다. 1616년 도자기 원료인 고령토를 찾은 이삼평은 엄중한 감시를 받으며 자기를 만들었다. 이 자기를 아리타 자기라 한다. 아리타 자기는 명이 멸망한 뒤 자기 생산이 주춤하던 틈을 타 유럽에 팔려나가 큰 인기를 끌었다.

사야카는 가토 기요마사의 좌선봉장이었다. 그는 조선에 건너오자마자 바로 부하를 이끌고 조선에 귀순하였다. 조선 조정은 그에게 김충선이라는 이름과 높은 벼슬을 내려주었다. 사야카는 경상도 의병과 힘을 합쳐 수차례 일본군과 전투를 벌여 공을 세웠다. 전쟁이 끝난 뒤 진주 목사의 딸과 결혼하여 대구 우록동에 뿌리를 내렸다. 사야카처럼 투항한 일본군을 항왜라고 불렀다. 임진왜란 동안 모두 1만 명에 이르는 일본 병사가 조선으로 투항하였다.

두사충은 임진왜란이 일어나자 명나라 제독 이여송과 함께 조선으로 왔다. 그는 이여송의 일급 참모로서 작전 계획 수립에 항상 참여했다. 임진왜란이 끝난 뒤 고향으로 돌아갔다가 정유재란이 일어나자 다시 조선으로 왔다. 정유재란이 끝난 뒤 두사충은 고국에 돌아가지 않고 조선에 귀화했다. 두사충이 귀화한 이유를 직접 밝힌 기록은 없다. 하지만 명이 곧 멸망할 것이라고 짐작하고 귀화하기로 결심했다는 이야기가 전해진다. 두사충은 자신이 사는 동네 이름을 고국인 명을 생각하는 뜻에서 대명동(大明洞)이라 붙이고, 단을 쌓아 매월 초하루가 되면 고국의 천자를 향해 배례를 올렸다고 한다.

도요토미 히데요시의 조선 침략

권력자가 일으킨 전쟁은 침략하는 쪽과 당하는 쪽 모든 민중에게 엄청난 재앙을 가져다주었다. 도요토미 히데요시의 조선 침략은 일본과 조선 민중에게 어떤 고통을 주었을까. 조선은 어떻게 이 침략을 물리쳤을까.

히데요시가 구상한 조선 침략

무로마치막부가 힘이 약해진 15세기 무렵부터 약 100년간, 일본에서는 전국에서 다이묘가 독립하여 영토를 넓히려고 서로 싸우는 시대가 지속되었다. 그 가운데 다른 다이묘와 계속되는 전쟁에서 승리하여 강대한 세력을 형성한 사람이 오다 노부나가(織田信長)였다. 도요토미 히데요시는 노부나가의 가신으로 여러 전투에서 공을 세우고, 노부나가가 죽은 뒤 적대적인 다이묘를 계속 정복하여 1590년에 국내를 통일하였다.

당시 동아시아는 명이 약해지고, 유럽 세력이 (동아시아로) 진출하면서 국제 관계가 크게 바뀌고 있었다. 이런 상황을 보면서 히데요시는 강력

● 자료 1. 도요토미 히데요시가 만들었다고 전해지는 부채 지도

한 군사력으로 일본뿐만 아니라 동아시아 전역까지 세력을 확대하려고 하였다. 해외 원정은 히데요시를 받들던 가신들의 기대에 부응하는 면도 있었다. 전공을 세워 받은 영지로 가문을 일으킨 이들은 더 큰 영지를 원했기 때문이다.

1587년 5월 히데요시는 가고시마의 시마즈 씨를 물리치고 규슈를 평정하자마자 쓰시마 섬 도주 소 씨에게 조선과 복속 교섭을 하라고 명령했다. 소 씨는 복속을 요구하면 조선이 화를 낼 것을 염려하여 기존의 외교 교섭 형태로 일본의 통일을 축하하는 통신사 파견을 요청했다.

조선은 처음에는 거부하였지만 소 씨가 거듭 요청을 하자 통신사 파견에 동의하였다. 통신사는 1590년 3월에 출발하여 11월에 히데요시와 만났다. 이때 통신사를 복속 사절로 여긴 히데요시는 명을 정복하기 위하여 조선이 선두에 설 것을 명령하였다. 통신사는 이를 거부하였다. 난처해진 소 씨는 이 명령은 일본이 명에 가기 위하여 육로를 빌려 달라는 것이라며 둘러댔지만 통신사는 이를 받아들이지 않고 돌아갔다.

● **자료 2.** 「히젠 나고야 성 병풍도」

이에 히데요시는 복속을 거부한 조선으로 출격할 준비를 하였다. 모든 다이묘들에게 각자 경제적 능력 정도에 따라 군대를 동원할 것을 명령하고, 이듬해 북규슈에 출격 거점인 나고야 성 축성 공사를 시작하였다.

1592년 4월 13일, 일본군 약 16만 명이 바다를 건너 부산에 침략하면서 전쟁은 시작되었다. 일본군은 4월 14일에는 부산성 전투에서, 다음날인 15일에는 동래성에서 조선군을 격파하였다. 조총으로 무장한 일본군은 조선군 및 의병 부대와 전투를 계속하면서 북상하였다. 25일에는 상주에서, 28일에는 조령을 넘어 충주 탄금대에서 조선군을 격파하고 단번에 수도 한성을 압박하였다.

5월 3일 일본군은 한성을 함락시켰지만 국왕은 북쪽으로 피난한 다음이었다. 그 뒤 일본군은 동·서로 갈라져 북상하였다. 고니시 유키나가

(小西行長) 군은 6월 15일 평양을 점령하고, 가토 기요마사(加藤清正) 군은 동해를 따라 함경도까지 올라가면서 조선 각지를 점령하였다.

이렇게 일본군은 전쟁 초기 파죽지세로 승리를 하며, 얼마 되지 않아 조선 반도 북부까지 이르게 되었다. 그런데, 곧 곤란한 일이 생기게 되었다. 첫 번째는 의병의 저항이었다. 의병은 관군과 다르게 일본군과 싸우기 위하여 스스로 무장하여 조선 왕조에 허가를 받은 의병장이 이끈 군대였다. 실제는 그 지방 세력이 향토를 지키기 위해 편성한 경우가 많았다.

전쟁이 일어나고 얼마 되지 않은 4월 24일 양반 곽재우가 경상도에서 의병을 일으킨 것을 시작으로 각지에서 의병 부대가 편성되어 일본군과 싸우기 시작했다. 이러한 의병들의 활약으로 일본군은 육지에서 안정적인 수송로 확보에 어려움을 겪었다.

● **자료 3.** 일본군의 침입로와 조선의 반격

두 번째는 조선 수군의 활약이었다. 이순신이 지휘하는 조선 수군은 5월 7일 거제도 해전에서 일본 수군을 무찌르고, 5월 말 해전에서도 거북선을 활용하여 일본군을 격퇴하였다. 이 때문에 한성 부근에 주둔한 일본군은 바다에서 보급품을 받을 수 없게 되었다.

세 번째는 명에서 온 구원군이었다. 먼저 요동에 있던 명군이 1592년 6월 압록강을 건너 조선에 들어왔다. 7월에 명군이 평양성을 공격하였으나 실패하였다. 9월 초에 명은 심유경을 평양성에 보내 고니시 유키나가와 회담을 하여 50일간 정전에 합의했다. 1592년 말에는 명 장군 이여송이 대군을 이끌고 압록강을 건너 이듬해 1월 초에 고니시 유키나가와 회담하였다. 회담이 결렬되자 이여송은 명과 조선 연합군 4만여 명을 이끌고 평양성을 포위 공격하였다. 일본군은 평양성에서 나와 남쪽으로 퇴각하였다.

게이쵸의 역·정유재란

그 뒤에도 국지적인 전투가 계속되는 가운데 명군과 일본군 사이에 정전 교섭이 계속되었다. 1596년 9월 1일에는 명의 책봉사인 양만형과 심유경이 일본을 방문하여 오사카에서 히데요시와 회견하였다. 이때 히데요시는 자신이 제안한 강화 조건 7개 조항에 대하여 명이 아무런 답이 없자 강화 교섭을 그만두고 다시 전쟁을 시작하였다.

1597년 2월 히데요시는 다시 조선에 출병하라고 명령하였다. 일본군은 한반도 남부와 바다에서 전투를 시작했다. 같은 해 8월 경상도 남원

읍성을 공격, 점령하여 대량 살육을 자행하였다. 이때 승리를 한 증거로 코를 베어 일본에 보냈다(나중에 이들을 모아 명복을 빌며 매장한 '코무덤'이 교토에 세워졌다). 그러나 전투 준비를 마친 명과 조선 군사는 각지에서 일본군을 막았다. 특히 울산성을 점령하고 있던 가토 기요마사 부대는 고전을 면치 못했다.

해상에서도 일본 수군은 이순신이 이끄는 수군으로부터 괴멸적인 타격을 받으며 전반적으로 열세에 몰렸다. 1598년 8월 8일 히데요시가 죽자 일본군은 더 이상의 싸움을 포기하고 철수를 시작하여 11월에 완전히 물러났다. 이로써 히데요시의 조선 침략은 실패로 끝났다.

침략 전쟁이 초래한 비극

일본군의 철수는 조선이 저항 전쟁에서 승리한 것이라 할 수 있고, 명은 조선에 원군을 파견하여 히데요시 침략군과 싸워 동아시아에서 명을 중심으로 한 국제 관계를 유지하는 데 성공한 것이라 할 수 있다. 대신 두 나라는 엄청난 희생을 치르지 않으면 안 되었다.

조선에 원군을 보낸 명은 막대한 전쟁 비용으로 국가 재정이 크게 나빠졌고, 점점 강대해진 여진족(나중에 청 건국)에게 괴롭힘을 당하게 되었다. 중국 사회도 여기저기서 농민 반란이 일어나는 등 큰 변화를 겪게 되었다. 반세기 뒤 명은 멸망하고 점점 힘을 키운 청이 새로운 지배자로 등장했다.

침략을 받은 조선에서는 수많은 사람들이 죽거나 다쳤다. 나라 밖으로 끌려가 포로가 된 사람도 많아 인구가 크게 줄었다. 농경지가 황폐해지고 많은 문화재가 불타거나 빼앗기는 피해를 입었다. 전투와 피난으로 신분 질서도 크게 흔들리게 되었다.

이 시기 일본군이 저지른 잔학한 행위를 실제로 보고 기록으로 남긴 일본인이 있다. 규슈 지방 다이묘였던 오타 가즈요시 부대에 참가한 정토진종 승려이자 의사였던 교넨이다. 그는 1597년 6월 24일에 조선으로 건너가 곳곳에서 전투를 겪고 1598년에 귀국하였다. 그는 종군 일기에서 일본군을 따라다니며 인신매매를 하던 상인을 다음과 같이 기록하고 있다.

> (인신매매 상인은 일본군) 뒤를 따라다니며, 남녀노소를 가리지 않고 사들였다. 밧줄로 목을 묶어 줄을 지어 걷게 하였다. 엎어지면 뒤에서 몽둥이로 일으켜 세워 강제로 걷게 하는 모습 … 이렇게 사들인 사람들을 끌고 다니는 모습은 흡사 원숭이를 끌고 다니는 것 같았다. 소나 말처럼 짐을 끌게 하며 괴롭히는 모습은 차마 눈뜨고 볼 수 없었다.

1597년 8월 15일에 남원성이 일본군에 함락당하고 처절한 살육이 벌어졌다. 다음 날 벌어진 광경을 그는 다음과 같이 기록하고 있다.

> 16일 남원성 안에 살던 사람들을 남녀 할 것 없이 모두 죽었다. 살아남은 자는 없었다. 그러나 아직 숨이 붙어 있는 사람도 있었다. 무참한 일이었다. 세상일은 알 수 없다고 하지만 남녀노소 모두 죽고 말았구나.

이렇게 조선은 히데요시의 침략으로 엄청난 피해를 입었지만, 일본군이 철수하자 힘차게 재건 사업을 시작하였다. 땅을 개간하고 상업과 수공업을 다시 일으켰으며, 일본군에 의해 부서지거나 빼앗긴 문화재와 문화를 일으키기 위해 힘을 쏟았다. 유교 가르침을 기초로 한 사회질서를 다시 찾는 작업도 이루어져 갔다. 당연히 일본에 대한 경계심도 높아졌지만, 일본과 관계를 회복하려는 움직임도 있었다. 이윽고 일본에 다시 통신사를 파견했다.

전쟁에 강제 동원된 사람들

전쟁으로 큰 피해를 입은 것은 조선과 명만이 아니었다. 일본에서도 많은 사람들이 강제적으로 전쟁에 동원되거나 전쟁 비용을 부담하는 고통을 치렀다.

처음 조선 침략을 계획할 때 군대 동원 계획은 한반도에 파견되는 군인이 약 20만 명, 나고야 성에 주둔하는 군인이 약 10만 명, 교토에 남는 군인이 약 10만 명 정도였다. 이들 모두가 무사는 아니었다. 예를 들어, 정유재란에 참전한 시마즈 요시히로 군은 동원된 1만 2695명 가운데 무사는 13퍼센트인 1727명이고, 무사에 딸린 사람이 5068명(40퍼센트)으로 53퍼센트가 전투 요원이었다. 그 밖에 47퍼센트에 해당하는 5900명은 강제로 동원된 일반 민중으로 운반 요원이었다.

이바라키 현 다이묘였던 사타케의 경우도 예외는 아니었다. 1591년 늦은 가을, 히데요시는 사타케에게 조선 출병 명령을 내렸다. 이듬해 4월 22일 사타케는 직접 군대를 이끌고 나고야 성에 도착했다. 1593년 5월 24일 사타케 군대 가운데 1440명이 조선으로 건너갔다. 하지만 7월 7일 진주성에서 일본군이 패배하였기 때문에 사타케 군은 나고야 성으

대장	정원	실제 인원	감수 인원	감소율(%)
고니시 유키나가	18,700명	6,626명	12,074명	64.57
가토 기요마사	10,000명	5,492명	4,508명	45.08
나베시아 나오시게	12,000명	7,644명	4,356명	36.30
오토모 요시무네	6,000명	2,052명	3,948명	65.80
모리 요시나리	2,000명	1,425명	575명	28.75

● **자료 4.** 임진왜란 개전 11개월 후의 일본군 수

로 퇴각하였고 바로 윤 9월 7일에 이바라키 현으로 돌아갔다.

사타케 요시노부가 히데요시로부터 동원령을 받은 것은 영지에서 멀리 떨어진 곳이었다. 농민 반란을 진압하기 위해 동북 지방에 가 있었기 때문이다. 그는 곧 영지에 다음과 같은 명령을 내렸다.

> 히데요시께서 내년(1592년) 정월에 나고야로 오라는 명령을 내렸다. 인원은 5000명을 데리고 오라고 하였다. 많은 어려움이 있겠지만 방심하지 말고 확실하게 준비하라. 창 자루와 창검 200개를 준비해라. (창 자루에 칠을 하는 데 필요한) 옷도 많이 필요할 테니까 차질 없이 준비해라.

전쟁에 필요한 비용을 조달하기 위해 조세 징수를 철저히 할 필요가 있었다. 1592년 4월에 나고야 성에 도착한 사타케 요시노부가 영지에 내린 명령을 보면 이런 내용이 있다. "농민들이 조세를 내지 않으면 이 마을 저 마을 할 것 없이 여자나 어린아이를 가리지 않고 죽여도 좋다. 마을이 폐허가 되어도 상관없다." 저항하면 용서하지 않겠다는 태도를 보인 것이다. 사타케 군이 인부로 동원한 일반 백성은 약 1500명쯤이었다. 탈주자가 생기자 도망치면 찢어 죽이거나 불태워 죽여 탈주를 막으려 하였다.

군별		임진왜란	정유재란	계	손실률
조선군	투입 병력 손실 병력	60,000명 50,000명	37,600명 20,000명	97,600명 70,000명	72%
일본군	투입 병력 손실 병력	197,700명 87,800명	141,400명 29,000명	339,100명 116,800명	44%
명군	투입 병력 손실 병력	74,000명 25,000명	117,000명 58,700명	191,100명 83,700명	35%

● **자료 5.** 임진왜란 참전국의 병력 손실

조선 침략이 일본에 끼친 영향

침략 전쟁으로 지출한 군역 부담은 다이묘들에게 큰 부담이었다. 긴 기간에 걸친 국내 전쟁과 임진왜란 등에 민중을 동원함에 따라 노동력이 모자라게 되었다. 이런 문제를 해결하기 위해 다이묘들은 조선에서 많은 사람들을 잡아 왔다. 그 사람들 가운데 도자기 제조 기술자들은 각지에서 산업을 진흥시키는 구실을 하기도 했다. 강항이나 홍호연은 일본 사람들에게 주자학을 전해주어 새로운 지배 체제를 정비하는 데 영향을 미치기도 했다.

침략 전쟁의 패배로 도요토미의 세력은 약해졌다. 히데요시가 죽은 뒤 권력을 차지하기 위해 1615년까지 3차례에 걸친 내전이 일어나 도쿠가와 이에야스가 새로운 지배자가 되었다. 그 뒤 도쿠가와는 새로운 지배 체제를 안정시키고 국내 산업을 진흥하는 데 힘을 쏟았다. 대외적으로는 조선·명을 비롯하여 유럽 여러 나라에 대해서 정치적으로도 경제적으로도 소극적인 자세를 보였다.

양반

조선 왕조는 신분 사회였다. 지배계급인 양반과 피지배계급인 농민의 신분 차이는 하늘과 땅만큼 컸다. 그렇다면 어떤 사람들이 양반이 되었을까? 양반이 되기 위한 자격이 있었을까?

양반은 누구일까?

자료 1은 조선시대 창덕궁 인정전에서 열린 생신 축하 기념식 모습을 그린 그림이다. 사방에 군사들이 무장을 한 채 경호를 하고 있다. 뜰 가운데에 길이 나 있고 그 위에 왕이 타는 가마가 놓여 있다. 잘 보면 길을 따라 팻말 같은 돌이 쭉 늘어서 있는 모습을 볼 수 있다. 이 팻말을 품계석이라 부른다. 이 품계석에 맞춰 국왕을 향해 오른편에 서 있는 사람이 문신이고 왼편에 서 있는 사람이 무신이다. 당연히 지위 높은 관리가 앞쪽에 서 있다. 오른쪽이 동쪽이고 왼쪽이 서쪽이기 때문에 문신을 동반, 무신을 서반으로도 불렀다. 따라서 문반과 무반을 합쳐 부르는 양반(兩

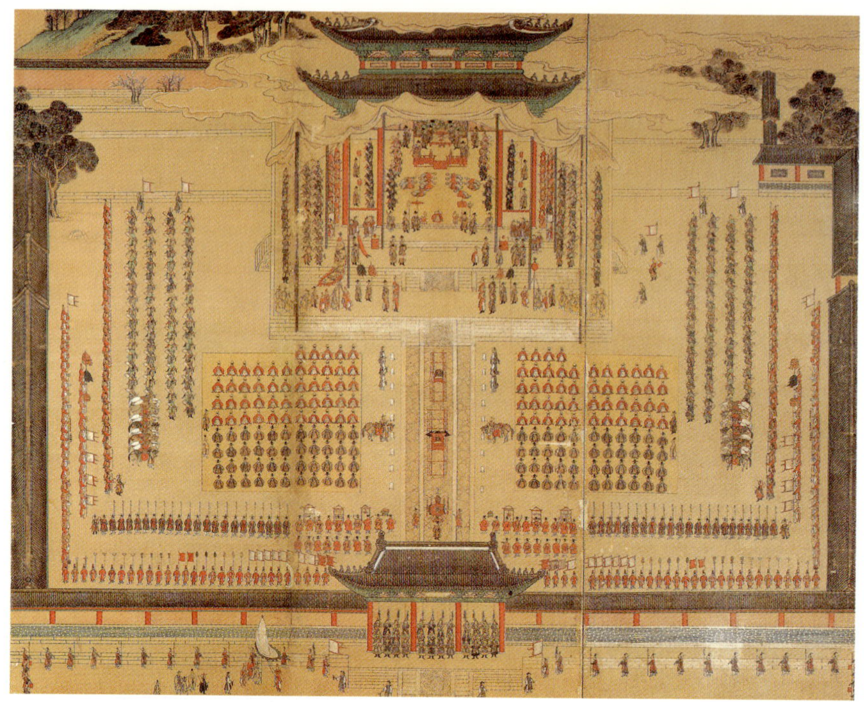

● **자료 1.** 창덕궁 인정전에서 열린 생신 축하 기념식

班)은 문무 관리를 모두 일컫는 말이었다.

물론 관직에 있는 사람만이 양반이 될 수 있는 것은 아니었다. 관직에서 은퇴한 사람은 물론이고 증조할아버지, 할아버지, 아버지, 외할아버지 가운데 관리를 지낸 사람이 있으면 그 집안 사람들은 모두 양반이 될 수 있었다. 조선 중기부터는 유학을 공부하는 사람들을 모두 양반이라고 불렀다.

'유학을 공부한다.' 참으로 애매모호한 규정이다. 그렇다면 유학을 공부하면 누구나 양반이 될 수 있었다는 말일까? 그렇지 않다. 비록 모호하기는 하지만 법과 관습으로 정해진 기준이 분명히 있었다.

과거, 양반이 되는 지름길

조선시대 양반으로 인정받기 위한 가장 확실한 길은 과거 합격이었다. 일반적으로 관리를 뽑는 기준은 크게 신분과 능력이었다. 신분이 기존 지배층의 특권을 보장해 주는 폐쇄적인 기준이라면, 능력은 실력이 있으면 누구나 관리가 될 수 있는 개방적인 기준이었다. 그렇다고 과거가 실력만으로 관리를 뽑는 제도는 아니었다.

> 우리나라 과거법은 단지 재주를 시험하는 것만이 아니고 어떤 가문 출신인지를 가리려는 것입니다. 지금부터 중앙에서 파견된 관리는 생원 시험과 진사 시험을 보려는 자를 조사하여 시험을 보아도 될 만하면 이름을 적어 수령에게 올리게 합니다. 수령은 감사에게 올리고, 감사가 다시 조사하여 시험을 보도록 해야 합니다. (『조선왕조실록』)

어떤 가문 출신인지 가리기 위해 실시했다는 말에서 알 수 있듯이, 과거 시험은 능력이 있다고 해서 누구나 볼 수 있는 것이 아니었다. 우선 양반이라도 범죄를 저질렀거나 윤리 도덕을 어긴 사람과 자손 들은 과거 시험을 치를 수 없었다. 첩이 낳은 자식과 중앙과 지방 관청에서 실무 행정을 담당한 하급 관리 같은 중인들은 일정한 응시 제한을 받았다. 첩이 낳은 자식은 아예 문과를 볼 수 없었고, 하급 관리의 자손이 생원·진사 시험에 합격하기 위해서는 양반 출신과 달리 추가 시험에 통과해야 했다.

반면 평민은 별다른 과거 응시 자격 제한 규정이 없었다. 이는 평민이 중인보다 신분이 높다거나 우대를 받았다는 뜻이 아니다. 중인에 비해 평민은 양반들에게 도전할 만한 지식과 경제력을 갖출 가능성이 낮았기 때문이다. 과거 시험을 보려면 적어도 10여 년을 준비해야 했다. 이만한 경제력을 갖춘 평민은 드물었다. 노비를 비롯한 천인들은 아무리 실력이 뛰어나도 과거를 볼 수 없었다. 이런 한계에도 불구하고 능력 본위의 관리 선발 방법으로서 과거가 지닌 중요성이 줄어드는 것은 아니다.

조선시대에 관리가 되기 위해서는 문신과 무신을 비롯하여 통역관, 의관 등 기술관을 뽑는 과거에 합격해야 했다. 문음, 천거 등으로도 관리가 될 수 있었다. 문음은 시험이 아니라 가문 배경으로 관리가 될 수 있는 길이었다. 고려시대에 음서라 불린 이 방법은 고위 관리에게 주는 특권이었다.

고려시대에는 문음(음서) 출신자도 과거 출신자와 큰 차별을 받지 않고 고위 관직에 진출할 수 있었다. 그러나 조선시대에 와서는 사정이 달라졌다. 먼저 문음 혜택을 받을 수 있는 범위가 5품 이상 관리에서 대략 2품 이상 관리로 좁아졌다. 2품이라면 오늘날 장관급에 해당한다. 게다가 문음으로 관리가 되더라도 고려시대와 달리 고위직에 오르기가 힘들었다.

구 분	문과 급제자(124명)	문음 출신자(135명)
정3품 이상 진출자	62명(50%)	13명(9.6%)
종4품 ~ 종7품	54명(43.6%)	94명(69.6)
정8품 이하	4명(3.2%)	28명(20.8%)
잘 모름	4명(3.2%)	

● 자료 2. 과거와 문음 출신자의 마지막 관직 비교표

● 자료 3. 과거에 합격한 기쁨을 나누는 사람들

명종 19년(1563), 선조 9년(1676), 영조 50년(1774)에 실시된 과거 예비 시험에 합격한 600명 가운데 문과 급제자와 문음 출신자 들이 고위 관직에 진출한 상황을 비교해 보자.자료 2

조선 왕조의 관등은 1품부터 9품까지로 되어 있고, 각 품은 다시 2단계의 정·종으로 나뉘었으므로 총 18관등이었다. 자료 2에서 보듯이 문과 급제자들은 50퍼센트 이상이 3품 이상의 관직에 진출하였다. 게다가 이들은 의정부, 6조, 홍문관, 사헌부, 사간원 등 주요 중앙 관서에 배치되어 근무하였다. 반면 문음 출신자들은 대부분 종4품 이하의 관직에 머물렀다. 이 가운데 20퍼센트 정도는 정8품 이하의 낮은 관직이나 지방 고을 수령직을 받았다.

따라서 조선시대에 고위 관리로 출세하기 위한 가장 확실한 방법은 문과에 합격하는 것이었다.자료 3 문과에 합격하기 위해서는 사서오경을 비롯한 유교 경전을 막힘없이 외우고 해석할 능력을 갖추어야 했다. 시와 문장을 짓고, 현실 문제에 대한 대책을 내놓는 논문 시험도 통과해야 했다. 우연히 자기가 알고 있는 부분이 나왔다거나 부정한 방법으로 합격하는 경우도 있겠지만, 기본적으로 실력이 없으면 과거에 합격할 수 없었다.

집안이 좋으면 합격 순위에서 우대를 받거나 좋은 관직에 배정될 수 있었다. 하지만 이런 특혜도 과거에 합격한 뒤에 얻을 수 있었다. 이는 집안이 아무리 좋아도 실력이 뒷받침되지 않으면 출세할 수 없다는 것을 뜻한다. 문음으로 고위 관직에 진출했다고 해도 문과 출신자에게 냉대를 받는 관료 사회 분위기가 이런 경향을 잘 보여준다.

글짓기와 술 마시는 모임이 있으면 큰 술잔을 잡고 술을 가득히 따르며 '선
생'이라 부른다. 고관에서 낮은 관직까지 모두 그렇게 했다. 그런데 관직과
신분이 아무리 높다고 해도 과거에 합격하지 못했으면 '선생'이라 부르지 않
고 '대인'이라 불렀다. 이 풍습은 고려 때부터 시작되었다. 지금 과거에 합격
하지 못한 사람들이 짐짓 이 모임을 피하는 것은 대인이란 소리가 듣기 싫기
때문이었다. (『필원잡기 제2권』)

　이 때문에 조선시대 양반들은 자식 공부에 온갖 정성을 다 쏟았다. 집
안이 아무리 어려워도 재주 있는 자식이 있다면 어떤 희생을 치르더라도
공부를 시켰다. 때로는 집안이 나서서 과거를 볼 수 있게 도와주었다. 돈
이 아무리 많다고 해도 과거 합격자가 없는 집안은 명문 가문이 될 수
없었다.

일상생활에서 모범을 보여야 양반이다

하지만 단지 시험에 합격했다고 해서 곧바로 양반으로 인정받는 것은 아
니었다. 양반으로 인정받기 위해서는 일상생활에서 도덕과 윤리를 지키
고 백성들에게 모범을 보여야 했다.

　정광천은 늘 닭이 울면 머리를 손질하고 의관을 바르게 하였다. 부인과 함께
손수 새벽 음식을 가지고 어버이가 주무시는 방에 가서 부드러운 목소리로
춥지는 않았는지 여쭈었다. 정성스럽게 음식을 올리고 문밖에서 기다리다 어
버이가 반드시 맛을 보면 물러났다. 아침 식사는 반드시 맛있는 것으로 올리

고 한낮이 되면 또 그렇게 하였다. 저녁이 되면 또 그렇게 하였고 날이 어두워지면 또다시 그렇게 하였다. 이부자리를 깔고 잠자리를 평안하게 하여 드렸다. 여름이면 베개 벤 데를 부채질하여 시원하게 해드리고 겨울이면 이불에 미리 들어가서 따뜻하게 해드렸다. 날마다 마치 어린아이 같은 부드러운 낯빛으로 조금도 게으르지 않았다. (채몽현 찬, 『정광천 행장』)

정말 이렇게 했을까? 지금 우리가 보기에는 믿기 힘들다. 하지만 조선 시대 양반들은 만약 이렇게 하지 않으면 손가락질을 당할 각오를 해야 했다. 집에 찾아오는 손님을 야박하게 대하거나 거지를 빈손으로 쫓는 양반은 더 이상 양반 대접을 받을 수 없었다.

어떤 양반은 임진왜란이라는 엄청난 전쟁 중에도 1년에 28번이나 제사를 지냈다고 한다. 지금 우리가 보기에 '먹고살기도 힘든 판에 저런…'이라고 비판할 수도 있다. 그러나 양반들이 모범을 보이기 위해 얼마나 노력했는지를 보여주는 사례라 할 수도 있지 않을까. 양반들은 왜 이런 노력을 하였을까?

양반은 자신을 단순히 왕의 임명을 받은 관리로 생각하지 않았다. 이들에게는 '봉건 제후'처럼 국왕과 함께 나라를 이끌어 가는 지배층이라는 자부심이 있었다. 이런 자부심이 일상생활에서 농민과 다른 면을 보여야 한다는 태도를 갖게 만들었던 것이다. 자료 4처럼 이들이 일반 백성들과 다른 옷을 입었던 것도 이 때문이었다.

● **자료 4.** 서직수(왼쪽)와 허목(오른쪽)의 초상화

양반으로 품위를 유지하기 위해서는
경제적 기반이 있어야 한다

과거에 합격하려면 10년 넘게 공부에 매달려야 했다. 하루하루 먹고살기도 힘든 사람들에게 과거는 빛 좋은 개살구에 불과했다. 과거 준비뿐만 아니라 지배층의 품위와 지위를 유지하기 위해서라도 양반들은 적절한 경제적 기반을 갖추어야 했다. 손님을 접대하는 것도 돈이 꽤 들었을 것이다. 양반들이 경제적 기반을 갖추기 위해 흔히 사용한 방법은 개간이었다. 조선 정부도 세금을 감면해 주면서 개간을 적극 장려하였다. 문제는 토지를 개간하려면 돈과 노동력이 필요하다는 것이었다. 돈과 노동력을 동원할 수 있는 사람은 양반층이었다. 특히 집권 양반들은 조수 간만의 차이가 심한 서해안 일대를 대규모로 간척하여 농지를 만들었다. 반면 경제력이 떨어지는 지방 양반들은 고향 부근 산간 평지를 개간하여 농지를 확대하였다. 조선 왕조에서 가장 유명한 유학자 이황 집안을 예로 들어보자.

이계양(이황의 5대조 할아버지)은 처음 현 동쪽 마을 부라촌에 살았다. 공은 봉화현에서 훈도를 지내고 있었기 때문에 날마다 온혜를 지나다녔다. 공은 온혜 계곡이 아름다워 이곳을 사랑하였다.
마침내 공은 온혜로 옮기기로 결정하였다. 이때 온혜는 상류에 딱 한 집이 있을 뿐인 황무지였다. 계곡을 따라 농사를 지을 만한 땅은 있었지만 나무가 빽빽이 들어차고 골짜기는 아주 깊었다. 계곡물은 맑고 달았으며 피라미가 많았다. 이 물을 끌어들여 논밭에 물을 댈 만하였다.

(『퇴계 선생 문집 속집』 8)

이 글에서 보듯이 이계양은 평소 눈여겨봐 두었던 온혜 계곡을 개간하여 논밭을 만들었다. 안동 부근에는 해발 500미터 전후의 산이 많기 때문에 온혜 계곡과 같은 산간 평지가 많았다. 이계양을 비롯한 안동 지방 양반들은 이런 산간 평지를 개간하여 16~17세기 100여 년 동안 경지 면적을 무려 1.5배나 늘렸다.

양반들은 몸소 농사 계획도 세우고, 노비를 지휘하고 감독하였다. 물론 대토지를 소유한 양반이라면 직접 지휘 감독하지 않고 노비가 대신하였을 것이다. 이런 관심과 경험은 황무지 개간법에서 농기구에 이르기까지 다양한 내용을 담고 있는 농서에 그대로 반영되어 있다.

> 황무지는 칠팔월 사이에 흙을 갈아 덮어 풀을 없애고, 이듬해 얼음이 풀린 뒤 다시 갈아 파종한다. 황무지 개간은 대개 애벌갈이는 깊게, 두벌갈이는 얕게 해야 한다(이렇게 하면 하층토가 일어날 우려가 없고, 흙을 부드럽게 만들 수 있다). 황무지가 좋은지 나쁜지를 가려내는 방법은 다음과 같다. 흙은 한 자 깊이로 파고 혀로 흙맛을 본다. 단맛이 나는 곳은 매우 좋은 땅이고, 달지도 짜지도 않은 것이 그 다음이고, 짠맛이 나는 곳은 가장 나쁜 땅이다.
>
> (『농사직설』 경지편)

물론 이런 노력은 농민들을 위한 것은 아니었다. 농민들이 최소한의 경제생활을 유지할 수 있게 하여 봉건 질서를 유지하고 지배층으로 군림하기 위한 것이었다. 하지만 이들이 지배층으로서 최소한의 의무를 다했기 때문에 조선시대 양반들이 지주와 양반으로서 사회적 지위와 권위를 인정받을 수 있었던 것이다.

향안에 이름이 올라야 양반이다

● 자료 5. 향안

실력과 덕망, 돈이 있어도 지방에서 양반으로 행세하기 위해서는 향안(鄕案)에 이름을 올려야 했다.자료 5 지방마다 행세깨나 한다는 양반들이 자신들의 지위를 확립하고 유지하기 위해 모임을 만들었다. 이 모임에는 좌수 1명과 별감 3~4명 등 임원을 두었다. 향안은 바로 이 모임 구성원의 명단을 적은 장부이다. 향안에 이름을 올리는 것을 입록(入錄)이라 한다. 향안 입록은 대단히 까다로워 중앙 고관이라고 해도 무조건 이름을 올릴 수는 없었다. 윤리적으로 문제가 있는 사람이나 다른 지방 사람들은 엄격한 심사를 거쳐야 했다. 특히 서얼과 향리 출신은 그 지방 유력 양반 집안과 수대에 걸쳐 혼인을 해야만 입록이 허락되었다.

지방 양반들은 이 모임을 통해 지방 행정에 관여하였다. 조선시대 지방 통치 책임자는 중앙에서 파견된 수령이었다. 하지만 수령은 친가나 외가 등 연고지에는 부임할 수 없었고, 아무리 오래 있어도 한 곳에서 5년을 넘길 수 없었다. 이 조치는 중앙집권 체제를 강화하고 부정을 막는 긍정적인 면과 함께 수령이 지방 행정 실무를 담당하고 있던 토착 향리층에 휘둘릴 가능성도 갖고 있었다. 이런 약점을 보완하기 위해 지방마다 지방 양반들로 조직된 향소(향청)를 설치하였다. 따라서 향안 구성원이 곧 향소 구성원이었고, 향소 임원은 바로 향안 임원이었다. 이 임원들이 일상적인 향소 운영을 맡았다.

향소가 하는 일상 업무 가운데 제일 중요한 것은 향리층을 감독하는 일이었다. 향리층은 지방 행정 실무를 담당하였다. 향리에 대한 지휘권은 수령에게 있었지만, 향소가 수령을 보좌하여 향리를 감독하거나 때로는 향리를 직접 지휘하기도 했다. 이는 지방 양반들은 단순한 지방 유지가 아니라 향소를 통해 지방 통치 체제의 일익을 담당하였고 관리에 준하는 지위를 인정받고 있었음을 보여주는 것이다.

양반은 도둑놈이다

이 정도면 조선시대 피지배층들은 양반을 존경하지 않았을까? 적어도 욕을 하거나 무시하지는 않았을 것 같다. 그런데 조선 후기 대표적인 실학자 박지원은 양반들의 허위의식과 비리를 신랄하게 비판하고 있다.

대체 하늘이 백성을 낳으실 때 넷으로 나누었다. 네 백성 가운데 가장 존귀한 자가 선비이다. 이를 양반이라 하니, 이보다 더 큰 이익이 없다. 이들은 농사와 장사를 하지 않는다. 글이나 역사를 대강 알면 크게는 문과에 급제하고 작게는 진사에 합격한다. 문과 홍패는 길이가 두 자도 못 되지만 모든 물건이 들어 있으니 돈 자루나 다름없다.

진사에 오른 선비는 삼십에 처음 벼슬을 하더라도 좋은 관직에 오를 수 있고, 남쪽 큰 고을 원을 잘 섬기면 일산 바람에 귓바퀴가 희어지고 사령들이 '예'하는 소리에 배가 나오게 된다. 방에는 아리따운 기생이 있고 뜰에는 학이 노닐며 울고 있다.

　시골에 사는 가난한 선비도 하고 싶은 것이 있으면 마음대로 할 수 있다. 이웃집 소를 몰아다가 자기 밭을 먼저 갈고, 동네 농민을 동원하여 자기 농토부터 김맨다. 누가 감히 이 양반을 얕보랴. 코에 잿물을 붓고 상투를 휘어잡고 수염을 뽑아도 감히 원망조차 못하리라.

　증서가 반쯤 만들어졌는데 부자가 혀를 차면서 말했다. "그만두시오. 그만두시오. 참으로 맹랑합니다. 장차 나보고 도둑놈이 되라 하는 것입니까?"

(『양반전』)

이 비판은 물론 과장된 측면이 강하다. 하지만 없던 사실을 꾸며낸 것은 아닐 것이다. 앞서 살펴본 바와 같이 반듯한 생활을 하며 모범을 보인 양반들이 이런 비판을 받는 까닭은 무엇일까?

에도시대 무사의 생활

무사는 원래 농촌에 살면서 전투를 하고, 농민을 지배하던 사람들이었다. 그런 무사들이 에도시대가 되면서 농촌을 떠나 죠카마치에서 살게 되었다. 이 시대 무사들은 어떻게 생활하였을까?

죠카마치에 살게 된 무사

자료 1은 에도시대를 대표하는 히메지 성이다. 31.5미터 높이로 우뚝 솟아 있는 큰 천수각이 작은 천수 셋을 내려다보고 있다. (일본 혼슈 중부 지방) 효고 현에 있는 히메지 성은 1993년 유네스코 세계문화유산에 등록되었다.

다음 자료 2는 에도시대 히메지 성 주위에 있던 죠카마치를 그린 지도이다. 이 지도를 보면 가운데에 성이 있다. 성을 지키기 위해 하천을 교묘히 이용하여 해자를 만들었다. 해자는 모두 셋으로 안쪽 해자(①)와 가운데 해자(②), 그리고 바깥 해자(③)가 있다.

● **자료 1.** 히메지 성

　성은 안쪽 해자로 둘러싸인 곳에 있다. 여기에는 관청, 창고, 마구간, 그리고 다이묘가 살던 저택이 있었다. 이 성을 중심으로 가운데 해자가 둘러싼 지역에는 다이묘를 모시던 가신과 상급 무사가 살았다. 가운데 해자 바깥 구역에는 큰 길을 따라 쵸닌(상인과 기술자)이 모여 살았다. 그 바깥 구역에는 많은 신사와 사원이 있었고 중급 무사가 사는 곳이 있었다. 특히 사원은 적을 막기 위한 방어 시설로 활용하였기 때문에 띠처럼 모여 있었다. 하급 무사들이 모여서 사는 지역도 있었다. 이곳에는 아시가루와 츄겐 등이 살았다. 아시가루는 최하층 무사였다. 평상시에는 잡일을 하다가 전쟁이 일어나면 창, 활, 조총 부대원으로 참전하였다. 츄겐은 주인을 모시는 하인이었다. 봉공인이라 불린 이들은 평상시에는 온갖 궂은일을 하다 전쟁이 일어나면 군량이나 무기 등을 날랐다. 에도시대

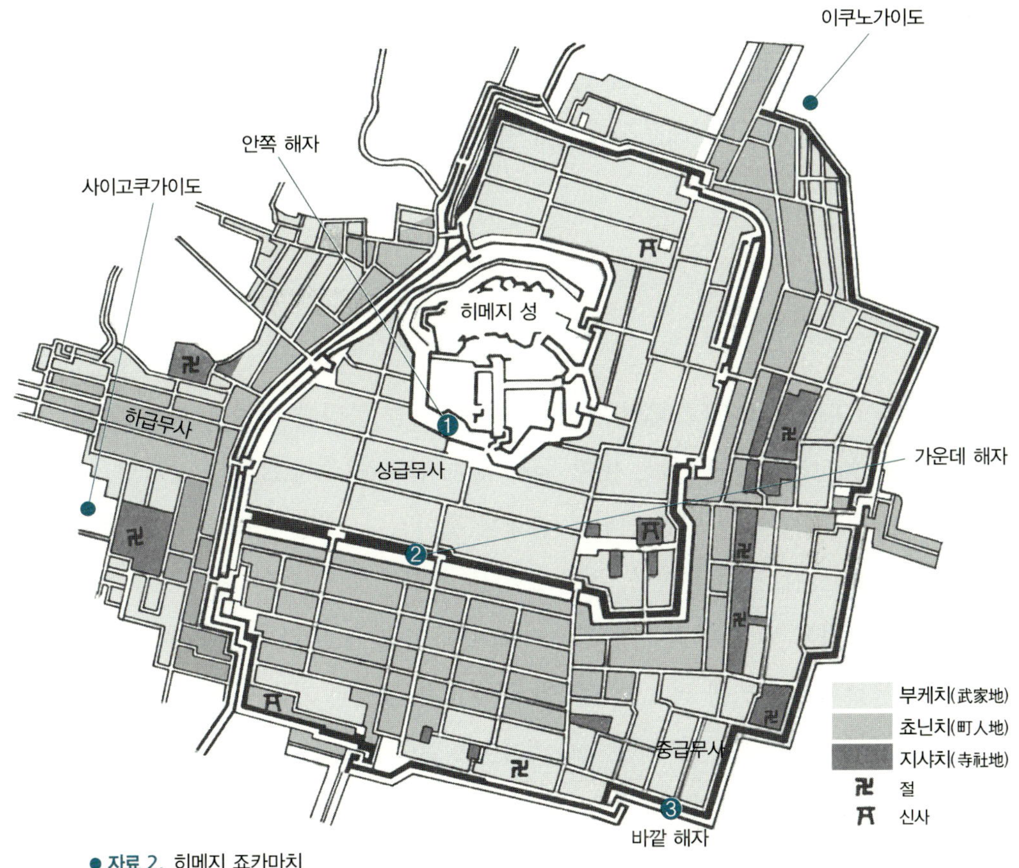

● **자료 2.** 히메지 죠카마치

히메지 죠카마치는 동서 약 3킬로미터, 남북 약 3.6킬로미터로 야구장만한 크기였다. 총인구는 2만 1000명에서 2만 2000명 정도였다.

에도시대 막부와 다이묘는 이런 죠카마치를 만들어 영지를 지배했다. 에도도 막부의 죠카마치였다. 이 때문에 죠카마치는 정치와 경제 그리고 문화의 중심지가 되었다. 전국에 있는 죠카마치는 히메지의 죠카마치처럼 계획적으로 조영되었다. 오늘날의 도쿄 역시 막부가 만든 죠카마치였다. 대부분 죠카마치는 전체를 둘러싼 성곽은 없었고 거주지에서 논밭이 그대로 이어졌다. 에도시대가 되어, 농촌에서 떨어져 나온 무사들은 이런 죠카마치에 모여 대부분이 주군이 주는 급여로 생활하게 되었다.

막부와 번

에도시대는 석고제(石高制)와 병농 분리, 상농 분리를 바탕으로 운영되었다. 석고제는 논은 물론 벼를 심지 않는 밭과 거주지도 쌀의 수확량을 기준으로 계산하여 마을 단위로 집계한 것이었다. 병농 분리는 죠카마치에 사는 사람은 무사 신분, 농촌에 사는 사람은 백성(농민) 신분으로 나누어 무사와 백성을 신분과 거주지로 분리한 것을 말한다. 상농 분리는 무사가 지배하는 데 필요한 물자를 공급하는 상인과 기술자를 농민과 구분하여 죠카마치에 살게 한 것을 말한다. 일반적으로 번은 무사가 5~10퍼센트, 농민이 80~85퍼센트, 쵸닌이 7퍼센트로 구성되었다.

에도시대 국가의 모습은 오늘날 한국이나 일본과 매우 달랐다. 현재 일본은 단일 정치조직으로 되어 있다. 47개 지방정부가 있지만, 그것은 중앙정부가 만든 법률에 따라 지방행정을 담당하는 구역일 뿐이다. 그러나 에도시대 일본은 정치적 중심이 두 개였다. 하나는 에도에 있는 막부였고, 다른 하나는 전통적인 권위를 가지고 있던 교토 조정이었다. 게다가 260여 명이나 되는 다이묘가 독립국처럼 각각의 번을 지배하는 복합적인 구조를 가진 국가였다. 다이묘는 장군에게 쌀 1만 석 이상의 영지를 받은 무사였고, 번은 다이묘가 다스리던 영지를 부르는 이름이었다.

물론 막부는 다른 다이묘와 비교할 수 없을 정도의 재력과 군사력을 갖고 있었다. 막부가 거둔 석고는 약 700만 석으로 일본 전체 석고의 1/4이었다. 쌀 1석은 150킬로그램이었다. 1석이면 17~18세기에 어른 한 사람이 1년간 생활할 수 있었다.

다이묘는 도쿠가와 장군을 주인으로 섬기는 한편, 다이묘 스스로도 신하를 거느렸다. 영지에서 이들은 법률 제정, 조세 징수, 재판 등을 거의 마음대로 명령할 수 있었다. 번과 막부의 지배 조직은 기본적으로 같았다.

막부는 지배 체제를 안정시키기 위해 영지를 바꾸어 새로운 영지로 다이묘를 보내기도 하고 다이묘 자격을 박탈하기도 했다. 또 법으로 다이묘가 동맹을 맺는다든가 마음대로 성을 수리하지 못하도록 하였다. 1635년에는 다이묘에게 에도와 영지에서 1년씩 번갈아 머물도록 하는 제도를 만들었다. 다이묘가 영지에 머물 때도 가족들은 에도에서 살았다.

무사의 특권과 의무

쵸닌과 함께 죠카마치에 살던 무사들은 15세가 되면 성인식을 치렀다. 그 뒤 전투를 대비해 언제든지 출전할 수 있도록 무기를 준비하고 부하를 훈련시켰다. 당연히 평상시에는 성을 지켰다. 이렇듯 쇼군과 다이묘를 호위하고 성을 비롯한 각종 군사 요새를 지키는 일을 맡은 무사를 반가타라고 한다. 무사는 문관적 성격도 갖고 있었는데, 막부와 번에서 행정과 재정을 운영한 이들 무사를 야쿠가타라 불렀다. 막부에 소속된 무사들 가운데 절반 정도가 반가타나 야쿠가타에 임명되었다.

무사는 그 대가로 여러 특혜를 받았다. 상급 무사는 다이묘에게 영지를 받아 아무 간섭도 받지 않고 농민에게 세를 거두었다. 중하급 무사들은 봉록을 받았다. 봉록은 야쿠가타가 농민에게 세금으로 거둔 쌀로 받기도 하고, 죠카마치나 경제의 중심지인 오사카 등에서 쌀과 바꾼 돈으로 받기도 했다. 당시 막부와 번에서 필요한 물자는 돈으로 사들였다. 돈은 죠카마치와 오사카, 교토, 에도 등 대도시에 쌀을 팔아 얻었다. 영지와 봉록은 세습되었다. 이것을 가록이라고 불렀다. 가록은 봉건 사회 지배층이었던 무사만이 가지는 경제적 특권이었다.

무사 사회에서는 가록이 얼마냐 하는 것이 중요하였다. 상·중·하로 엄격하게 신분이 구별되었고, 그 신분 규정에 따라 복장, 좌석, 언어 사용 등이 정해져 있었다. 중하급 무사가 그 규정을 지키지 않으면 처벌을 받거나 봉록을 깎였으며, 때로는 번에서 추방되기도 하였다. 막부에도 상급 무사와 하급 무사는 차별을 받았다. 하타모토라는 상급 무사는 장군을 만날 수 있었지만 하급 무사인 고케닌은 장군을 만날 수 없었다.

한편 무사는 가록에 걸맞은 의무를 졌다. 중급 무사부터는 전쟁에 나갈 때 말, 활, 창, 투구, 갑옷 등을 스스로 준비해야 했다. 보조 전투 요원인 아시가루 등 하급 무사와 창, 군량, 의복 등을 운반하는 봉공인도 데리고 가야 했다. 막부가 정한 1648년 군역 규정에 따르면, 300석 영지를 가진 무사 하타모토가 전쟁에 나갈 때 데리고 가야 할 인원은 7명이었다. 시종 무사 1명과 말을 끄는 사람, 창을 운반하는 사람, 투구를 운반하는 사람, 신발을 드는 사람, 군량을 운반하는 사람, 의복 상자를 운반하는 사람 등 봉공인이 6명이었다._{자료 3} 평소에 관청에서 근무하러 갈 때뿐만 아니라 외출을 할 때도 하급 무사, 말을 끄는 사람, 창을 운반하는 사람, 신발을 드는 사람, 상자를 드는 사람 등 5명은 데리고 다녀야 했다. 엄밀

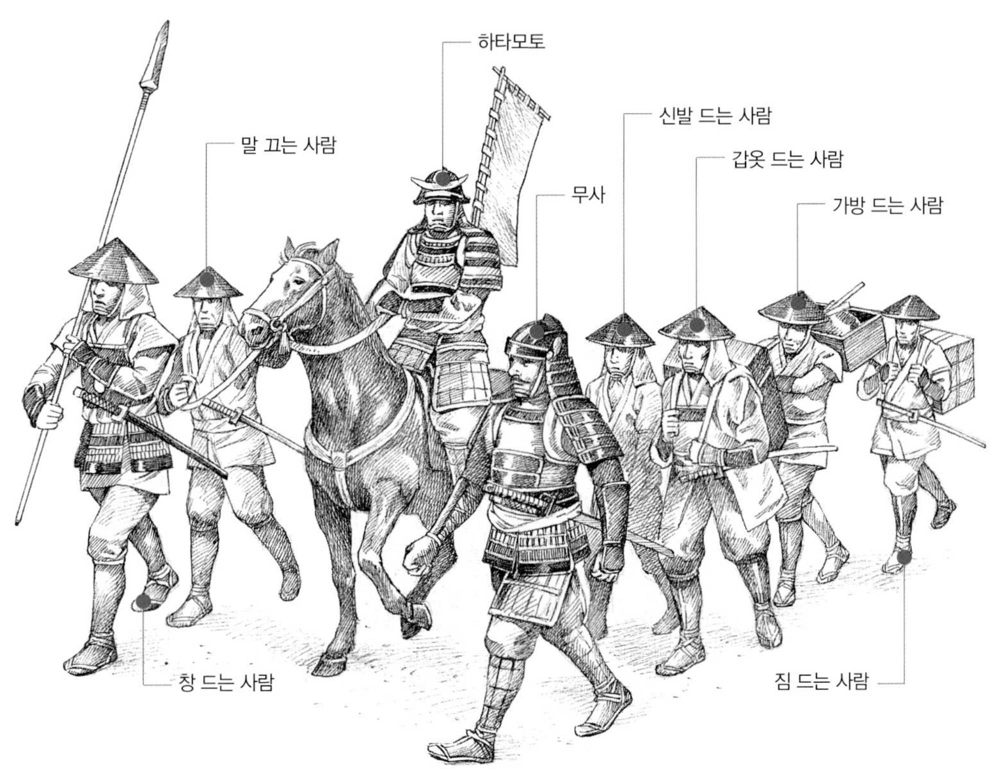

● **자료 3.** 300석 영지를 가진 무사 하타모토의 군역 모습

하게 말하자면 보조 전투원인 아시가루가 최하층 무사였지만 일반적으로는 봉공인들도 무사로 간주되었다. 봉공인을 거느리는 데는 많은 비용이 들었다. 이 때문에 하타모토라도 생활이 어려워지면 평상시에 필요한 인원만 거느리고 나머지는 필요한 때에 돈을 주고 고용하기도 하였다.

무사들은 무엇보다도 가문을 잇는 것을 중요하게 여겼다. 후계자가 없으면, 대개는 다른 가문의 무사 집안에서 차남이나 삼남을 양자로 맞아들였다. 그러나 때로는 가문을 계승하고 번창시키기 위해, 혈연관계가 전혀 없지만 학문이 뛰어난 자나 재력이 있는 쵸닌 출신의 인물을 양자로 받아들이기도 하였다. 에도시대 후기가 되면 막부와 번은 행정과 재정을 다루는 실무 능력을 중시하여 가문보다는 능력으로 무사를 등용하였다.

명예를 소중하게 생각한 무사

막부나 번에서 가록을 받아 생활했던 에도시대 무사는 말하자면 세습 공무원이었다. 물론 어린 시절부터 주군에 충의를 다해야 하고, 주군이 명령하면 무조건 따라야 한다고 배웠다. 무사는 본래 전투 요원이었다. 이 때문에 평화로운 에도시대에도 죽음을 두려워하는 무사는 '겁쟁이'나 '비겁'한 사람으로 멸시당했다. 따라서 무사는 그 무엇보다 전투에 나가 스스로 목숨을 바치는 것을 명예롭게 생각했다.

1615년 도쿠가와 군과 도요토미 군이 맞붙은 전투에서 벌어진 일이다. 도쿠가와 군 무사 한 사람이 적장의 목을 베려다가 창을 빼앗겼다. 그는 "이제 끝장이야. 싸우다 죽자"고 외치면서 적진에 달려가 창을 재차 빼앗았다. 그리고 그 창으로 적장을 죽이고 그의 목을 가지고 돌아왔다고 한다. 창을 빼앗긴다는 것은 무사로서 명예를 더럽히는 것이다. 이런 치욕을 당하느니 싸우다 죽는 편이 무사다운 무사라고 그들은 생각했던 것이다.

평화로운 시대에도 무사는 전투자로서 명예를 중시하였다. 그래서 명예를 위해 싸우는 일이 자주 벌어졌다. 이를 겐카(결투)라고 한다. 에도에서는 불이 많이 나고 겐카도 많아 '불과 겐카는 에도의 꽃'이라는 말이 있을 정도였다. 막부나 번은 겐카 금지령을 내리고, 겐카를 하거나 전투장에서 상대를 죽인 무사에게 할복을 명령하는 규정을 만들었다. 그럼에도 불구하고 많은 무사들은 다른 사람에게 이유 없이 모욕을 당하거나 욕을 먹었을 때는 칼을 뽑아 목숨을 걸고 상대를 죽이는 것을 당연하게 여겼다.

무사는 주군의 명을 받드는 것을 무엇보다도 중요하게 생각했다. 하지만 무사로서 명예를 더럽혔다면 당연히 목숨을 걸고 대항해야 한다고 생각한 것이다. 나아가 이런 기개가 없는 무사는 무사의 자격이 없고 주군에게도 쓸모가 없다고 여겼다. 어떤 번에서는 동료가 겐카를 요구할 때 그것을 피하는 자는 무사의 자격이 없다고 여겼다. 그래서 비록 본인은 가록을 유지할 수 있었지만, 그 아들은 가록을 상속받을 수 없었다.

무사도로 불린 무사의 행동 원리와 도덕

'하라키리'라 불리는 할복은 무사다운 행위로 널리 알려져 있다._{자료 4} 영어 사전에도 'harakiri'로 실려 있다. 무사가 죄를 지었을 때 할복으로 죽을 수 있는 것은 명예였다. 무사도 때로는 죄인으로서 쵸닌, 농민과 같이 손을 뒤로 묶이고 목을 잘리는 경우도 있었다. 이것은 무사로서 굴욕적인 처벌로 간주되었다. 무사는 죽음을 자신이 선택할 수 있지만 쵸닌과 백성은 죽음을 선택할 수 없는 불쌍한 존재라고 생각했기 때문이다. 당시 사람들은 인간의 마음과 혼이 배 속에 존재한다고 생각하였다. 이 때문에 할복은 배를 갈라서 자기의 영혼이 결백함을 증명하는 행위라고 주장하는 설까지 있다.

막부의 직할 영지였던 기후 현 히다타카야마에 있는 관청에는 '할복의 방'이 있었다. 이 지방을 다스리던 관리가 부정이나 잘못을 저지를 경우, 이 방에서 할복을 한다는 각오와 책임감을 갖고 있었음을 보여주는 것이었다. 그런데 태평시대가 지속되면서 명예 형벌이었던 할복마저 형

● **자료 4.** 할복하는 무사

식만 남게 되었다. 처형을 당할 때 앞에 놓인 칼로 할복하려고 하는 순간, 뒤에서 처형자가 목을 치는 것이 일반화되었다. 무사의 특권은 할복 말고도 칼을 허리에 찰 수 있는 것, 그리고 성을 가질 수 있는 것이었다. 또 무사들은 아버지나 형 등 가족이 살해당했을 경우 막부에 허가를 얻어 복수할 수 있는 권리도 있었다.

전투 요원으로 명예를 중시하고, 주군에 대한 절대 충성, 그리고 할복이 보여주는 무사의 행동 원리와 도덕은 에도시대 초기에는 '사도(士道)'라고 불렸다. 그러다가 17세기 중기부터 여기에 지배자로서 지켜야 할 도덕 등 주자학의 가르침이 더해지면서 무사도라고 불리게 되었다.

평화로운 시대의 무사

1637년 규슈 지방 기독교 지도자들이 가혹한 세금 징수에 시달리던 농민 3만여 명을 이끌고 봉기를 일으켰다. 막부는 규슈 다이묘 군대 12만 명을 동원하여 6개월 만에 가까스로 진압하였다.

이 전란이 끝난 뒤 50여 년이 지나자 무사도 전쟁을 모르는 시대가 되었다. 전장에서 무용을 떨쳐 출세할 기회도 사라져 버렸다. 무사들은 무예를 익히는 것보다는 주자학을 배우고, 읽기와 쓰기 그리고 주판셈을 배우는 등 실무 능력을 익혔다. 평화가 지속되면서 막부와 번에서 행정과 재정을 담당하는 야쿠가타가 중시되었기 때문이다.

이 시기에 쓰여진 『하가쿠레』라는 책은 무사도가 무엇인지를 보여주고 있다. 전쟁이 만연한 시대를 살아가는 사람들의 마음가짐을 가르치는 이 책은 근대 일본 사회에서 높은 평가를 받았다. 이 책은 무사도에 대해서 "무사도는 죽는 것이다. 삶과 죽음, 둘 중 하나를 선택할 때 망설이지 않고 죽음을 선택하는 것이다. 이 이상의 의미는 없다. 오직 각오를 하고 앞으로 나아갈 뿐이다" 라고 하였다. 또 명예스런 번의 가신으로 태어난 것을 자랑스러워하면서 번주에게 절대적으로 충성해야 한다고 주장했다. 이런 주장은 이 무렵 사가 번 무사가 다른 번 무사와 마찬가지로 건실한 기풍을 잃어버리고 화려한 풍속을 따르는 현실을 비판한 것이다.

『하가쿠레』를 썼던 당시 평화가 지속되면서 반가타는 경시되었고 관직 지위도 낮아졌다. 조상 대대로 전쟁터에서 목숨을 걸고 충절을 바친 가문의 무사들은 불만을 갖지 않을 수 없었다. 이 책은 이런 현실에 굴

하지 말고 무사도를 지켜 죽음을 두려워하지 않는 순수한 삶을 살라고 말하고 있다.

야마모토 쓰네토모와 거의 같은 시대를 살았으면서도 대조적인 무사도 있었다. 아이치 현 오와리 번 무사 아사히 후사에몬은 100석을 받은 무사로서 중급 이하 집안 출신이었다. 가록을 이어 아시가루 3명을 이끌고 성을 지키는 반가타가 되었다. 그러나 그가 쓴 일기를 보면, 그는 8일에 하루 출근하고, 숙직이 끝나면 나머지 시간은 자유롭게 보냈다. 한가할 때는 낚시를 하거나 연극을 보거나 나무를 심고 채소를 가꾸기도 했다. 때로 동료나 상급자 들과 연회를 열어 즐겁게 살았다. 그 뒤 다다미를 취급하는 상급직으로 출세를 해 다다미를 사러 교토나 오사카에 출장 갔다. 그러나 일은 명목일 뿐이었고, 번과 거래를 하는 상인에게 접대를 받으며 연극과 스모 구경, 연회로 날을 지새웠다.

그의 일기를 보자.

> 어떤 무사가 공무로 출장을 갔다. 선착장에 있는 다방에 들어가 칼을 내려놓았는데 깜빡 잊고 그냥 배를 탔다. 배를 탄 후에 그 사실을 알았지만 어쩔 수 없었다. 그 뒤 번에 돌아갈 수 없어서 행방을 감추었다. 또 어떤 무사는 성 안에 있는 변소에서 볼 일을 보고 일어나다가 허리띠가 풀리는 바람에 칼이 변소 안에 빠져 버렸다.

평화로운 시대가 계속되면서 무사를 상징하는 칼을 제대로 간수하지 못하는 무사가 생긴 것이다. 야마모토 쓰네토모와 같은 무사보다는 아사히 후사에몬이나 그가 쓴 일기에 나오는 무사가 그 시대 무사의 실상을 보여준다고 하겠다.

　한편 에도 막부는 후계자가 없는 다이묘나 신분에 맞지 않는 행동을 하는 다이묘의 자격을 빼앗았다. 각 번에서도 재정이 나빠지면 무사 수를 줄이기도 하고 행동이 불량한 무사를 쫓아내기도 했다. 이렇게 주군과 수입을 잃은 무사들을 로닌이라고 불렀다. 1651년 이들이 이런 정책에 불만을 품고 막부를 뒤엎으려고 하였다. 그 뒤 막부는 다이묘 자격 박탈을 가능한 한 줄여 로닌을 만들지 않는 쪽으로 정책을 바꾸었다. 로닌들도 무예에 의지하는 것을 포기하고, 주자학 등 학문이나 문예로 입신 출세하기도 하고, 상인이나 교사가 되기도 했다. 18세기에는 죠카마치 등에서 무사 신분이 아닌 어린이가 읽기, 쓰기, 주판을 배울 수 있는 데라코야가 발달했다. 로닌은 이곳에서 교육을 담당하기도 했다.

4부
새 시대를 향한 준비

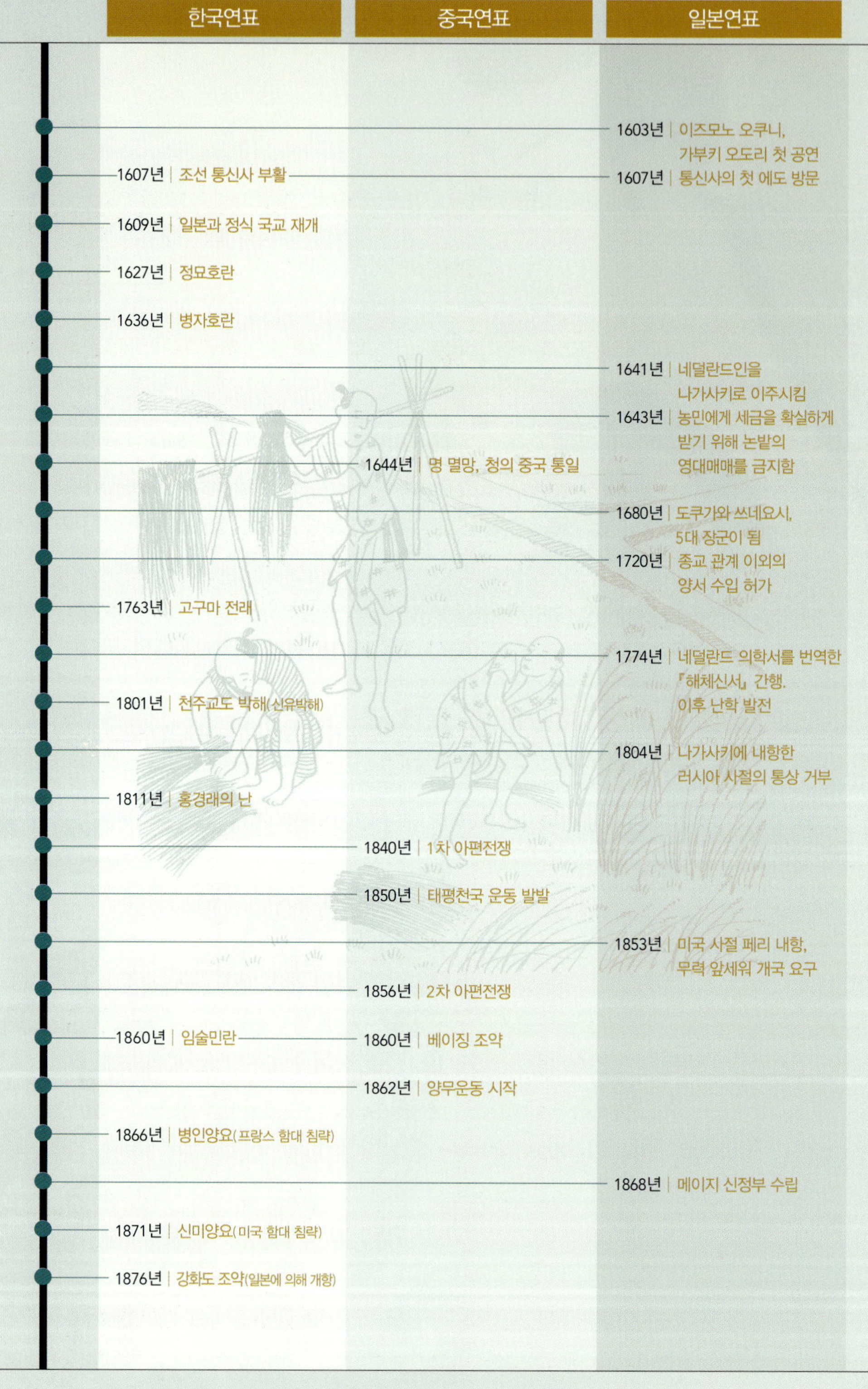

한국연표	중국연표	일본연표
		1603년 │ 이즈모노 오쿠니, 가부키 오도리 첫 공연
1607년 │ 조선 통신사 부활		1607년 │ 통신사의 첫 에도 방문
1609년 │ 일본과 정식 국교 재개		
1627년 │ 정묘호란		
1636년 │ 병자호란		
		1641년 │ 네덜란드인을 나가사키로 이주시킴
		1643년 │ 농민에게 세금을 확실하게 받기 위해 논밭의 영대매매를 금지함
	1644년 │ 명 멸망, 청의 중국 통일	
		1680년 │ 도쿠가와 쓰네요시, 5대 장군이 됨
		1720년 │ 종교 관계 이외의 양서 수입 허가
1763년 │ 고구마 전래		
		1774년 │ 네덜란드 의학서를 번역한 『해체신서』 간행. 이후 난학 발전
1801년 │ 천주교도 박해(신유박해)		
		1804년 │ 나가사키에 내항한 러시아 사절의 통상 거부
1811년 │ 홍경래의 난		
	1840년 │ 1차 아편전쟁	
	1850년 │ 태평천국 운동 발발	
		1853년 │ 미국 사절 페리 내항, 무력 앞세워 개국 요구
	1856년 │ 2차 아편전쟁	
1860년 │ 임술민란	1860년 │ 베이징 조약	
	1862년 │ 양무운동 시작	
1866년 │ 병인양요(프랑스 함대 침략)		
		1868년 │ 메이지 신정부 수립
1871년 │ 신미양요(미국 함대 침략)		
1876년 │ 강화도 조약(일본에 의해 개항)		

　　　　1598년 도요토미 히데요시의 죽음으로 7년여를 끌어오던 동아시아 전쟁이 끝났다. 이 전쟁으로 중국 대륙, 한반도, 일본열도가 변화를 겪었고, 동아시아 국제 질서도 재편되었다. 중국 대륙에서는 명·청 왕조가 교체되면서 만주인이 중국을 지배하는 큰 변화가 일어났다. 조선 정부는 전쟁으로 피폐해진 국가의 재건에 나섰다. 그러나 17세기에 접어들어 한족·만주족 간 대결의 파장이 다시 조선을 강타했다. 후금(청)은 두 차례에 걸쳐 조선을 침략하였고, 조선은 후금에 굴복하였다. 이후 조선은 19세기까지 청의 간섭 아래 있게 된다.

　　　　일본열도에서는 도쿠가와막부가 중앙집권적인 막번 체제를 정착시켜 갔다. 막부의 안정적인 통치 아래 17세기의 일본은 소농민 자립 경영, 금·은·철 광산의 개발, 독립 수공업의 발달 등 생산력의 향상이 두드러졌다. 철 광산의 개발로 값싼 철제 농기구나 도구의 공급이 가능해졌고, 수공업과 농업이 발달하였다. 쵸닌의 등장, 죠카마치의 형성, 가부키나 우키요에의 유행은 이러한 사회 경제 변화에서 촉발된 것이라고 할 수 있다. 조선 역시 17세기를 넘어서면서 새로운 농업 기술 도입, 수공업·광업 등의 발전, 상업의 흥성 등 정도의 차이는 있었지만 일본과 유사한 변화가 있었다. 탈춤

이나 풍속화, 민화 등 서민 문화가 유행하게 된 것도 이러한 기반이
있었기 때문이라고 할 수 있다.

　　　　동아시아 각국 간의 외교 및 교역 관계 역시 17세기 이후 변
화한다. 명 왕조까지는 책봉·조공 관계와 조공 무역이 행해졌다. 그
러나 전쟁 이후 중국과 일본 막부 간에는 책봉·조공 관계는 끊긴다.
조선은 명·청에 1년에 4차례 사신을 파견하였으며, 무역 상인들이
사신과 동행하여 조공 무역을 행했다. 조선과 일본은 17세기 초 국
교를 다시 열어 조선에서 통신사가 파견되었으며, 조선의 부산포 초
량 왜관을 중심으로 매년 정해진 품목과 수량의 교역을 행하였다.

　　　　동아시아 내의 교류가 공식적인 외교 채널을 통해 지속되고,
공사 무역이 진행된 것과 달리, 동아시아와 다른 세계의 외교나 교
역 관계는 금지되었다. 중국이나 조선, 일본 모두 허가받은 국가,
상인들 외에 일반인들의 왕래나 교류를 금지하는 해금 정책을 폈다.
이러한 정책은 나중에 이른바 쇄국정책으로 불리기도 하였다.

　　　　19세기에 이르면 서양이 무력으로 동아시아를 압박한다. 동
아시아 3국은 서양 열강의 무력 앞에 무기력했다. 그것은 엄청난 충

격이었다. 중국은 아편전쟁에서 패하여 영국과 굴욕적인 조약을 맺었으며, 일본 역시 미국 함대의 함포 앞에서 불평등한 조약을 맺었다. 조선은 청·일본에 비해 상대적으로 서양의 관심을 덜 받았고, 프랑스와 미국 함대의 공격을 격퇴하면서 해금 정책을 고수하였다. 19세기 일본과 조선은 서양의 충격에 대응하는 방식이 달랐던 것이다. 일본은 개국 이후 양이론에서 개국론으로 전환하면서 문명개화, 부국강병, 탈아입구를 외쳤다. 일본은 빠른 속도로 서양을 배워 서양과 함께 대외 팽창에 나서게 되었다. 조선이 근대 세계 사회로 나서는 계기는 일본의 함포 외교로 인한 개국이었다. 근대 한일 관계는 호혜 평등이 아닌 힘을 바탕으로 한 것이었다.

오늘 우리가 새롭게 만들어 갈 한일 관계는 이러한 역사 경험을 되풀이하지 않으리라는 다짐에서 출발하게 될 것이다.

선린우호의 사절단 통신사

통신사에서 '통신'은 '친분을 나눈다'는 뜻이다. 14세기에서 16세기까지 지속되던 일본과 조선의
우호관계는 도요토미 히데요시의 조선 침략으로 깨졌다. 전쟁으로 상당히 큰 피해를 입은 조선은
어떻게 일본과 국교를 회복하게 되었을까? 또 국교 회복 후의 일본과 조선은 서로를 어떻게 생각했
을까?

국교 회복과 선린 관계의 재구축

1607년 통신사가 부활했다. 그 후 거의 200여 년 동안 조선은 12차례나
일본에 통신사를 파견했다. 통신사의 행적을 나타낸 자료 2를 보면, 그
들이 조선의 수도 한성을 출발해 부산항을 경유해 북규슈, 세토나이, 간
사이, 도카이도를 지나 에도로 가는 도중에 많은 사람들을 만났을 거라
고 생각할 수 있다. 통신사 일행 500명과 쓰시마 번의 무사들을 합쳐
1000여 명의 행렬이 줄지어 이 길을 지나갔다.

　오카야마 현 우시마도에서는 매년 10월의 축제에서 '가라코 오도리'
라는 춤을 춘다. _{자료 3} '가라코'는 조선의 어린아이를 뜻한다. 조선 옷을

서력	조선	일본	정사	사명	사절단명칭	인원
1607	선조 40	경장 12	여우길	수호	회답 겸 쇄환사	467
1617	광해군 9년	원화 3	오윤모	오사카 평전	회답 겸 쇄환사	428
1624	인조 2	관영 원년	정립	이에미쓰의 습직	회답 겸 쇄환사	300
1636	인조 14	관영 13	임광	태평 축하	통신사	475
1643	인조 21	관영 20	윤순지	이에쓰나의 탄생	통신사	462
1655	효종 6	명력 원년	조행	이에쓰나의 습직	통신사	488
1682	숙종 8	천화 2년	윤지완	쓰나요시의 습직	통신사	475
1711	숙종 37	정덕 원년	조태억	이에노부의 습직	통신사	500
1719	숙종 45	향보 4년	홍치중	요시무네의 습직	통신사	475
1784	영조 24	연혁 5년 / 관연 원년	홍계희	이에시게의 습직	통신사	475
1764	영조 40	보력 14년 / 명화 원년	조엄	이에하루의 습직	통신사	472
1811	순조 11	문화 8년	김이교	이에니리의 습직	통신사	336

● **자료 1.** 에도시대 통신사 왕래 일람표

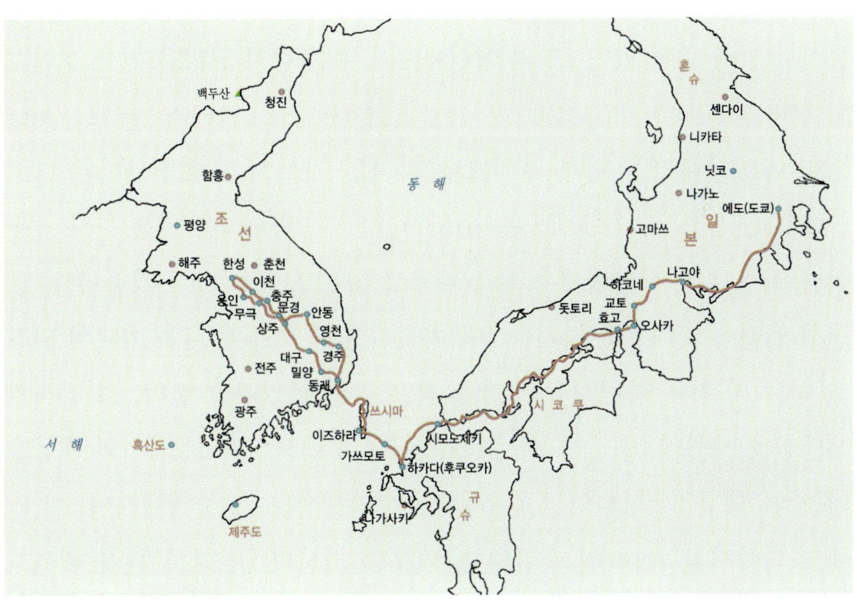

● **자료 2.** 통신사의 여행 경로

● **자료 3.** 에도시대의 가라코 춤

● **자료 4.** 글을 써주고 있는 통신사

입은 어린이 2명이 소고와 피리와 노래에 맞추어 춤을 추는데, 이 춤은 통신사 일행 중에 있던 2명의 어린아이가 추던 춤의 영향을 받은 것이라고 한다.

또 에도시대의 유명한 우키요에 화가인 가쓰시카 호쿠사이의 그림 「동해도오십삼차」 가운데 「유이(由井)」라는 그림_{자료 4}은 일본 무사가 통신사 일행의 한 사람에게서 글을 배우고 있는 모습을 그린 작품이다. 통신사 일행이 지나가면 각지의 유학자들이 앞을 다투어 글을 가르쳐 달라고 하는 바람에, 통신사들은 잠을 잘 시간도 없었다고 한다. 그 당시의 유명한 의사였던 기타오 슌포는 통신사에 수행하는 조선 의사와 대담을 나눈 뒤 그것을 『상한의담(桑韓醫談)』이라는 책으로 출판했으며, 이 외에도 의학서를 40여 권 출판했다. 막부는 조선의 『동의보감』을 베껴서 출판했다.

이처럼 일본은 다양한 분야에서 조선 문화의 영향을 받았다.

한편 고구마는 일본을 통해 조선에 전래되었다. 17세기 초 남아메리카가 원산지인 고구마가 일본에 전래되었다. 쓰시마에서 고구마를 재배한 것은 1715년이다. 고구마는 '효도 고구마'로 불렸다. 왜냐하면 18세기 중반 기근이 있었을 때, 고구마가 많은 사람을 먹여 살렸기 때문이다. 이런 사실이 조선에 알려지면서 1764년에 일본에 온 통신사가 고구마 재배법을 배워 갔다.

19세기 조선에 기근이 발생했을 때에도 많은 사람들의 목숨을 구했다고 한다. '효도 고구마'를 일본어로 발음하면 '고코이모'인데, 이 발음이 와전되어 '고구마'로 불리게 되었다고 한다.

통신사가 본 일본

통신사들은 일본의 자연을 아름답다고 칭찬했다. 1719년에 제술관으로 일본을 방문한 신유한은 "만장의 높은 봉이 하늘을 향해 펼쳐져 있고, 산꼭대기는 백옥처럼 한치의 티끌도 없다"며 그 웅대함에 감동했다.

한편 그는 일본 관리들을 "한 나라의 안전을 담당하고 있음에도 불구하고 어리석고 마치 바보 같다"고 엄하게 비판했다. 일본에서는 뛰어난 재능을 가진 문인들을 돌보지 않는다는 것을 알았기 때문이다. 신유한은 한시를 쓰면 당할 자가 없다는 평가를 받던 기노시타 쥰안의 제자마저도 번의 서기조차 되지 못하고 일생을 청소부로 끝냈다며 한탄했다. 그러면서 그 원인이 일본 관료 등용 제도에 있다고 했다. 일본에는 과거제도가 없고 관직은 세습되었다. 과거제도로 선발된 조선 관리들의 눈으로 보면, 세습에 의한 일본의 관료 제도가 재능 있는 인재를 발굴할 수 없는 제도로 비쳐졌을 것이다.

통신사 재개를 위한 노력

다음 글은 사명대사가 일본의 어느 승려에게 보낸 편지다.

> 일찍이 나는 널리 중생을 구하는 일을 해왔다. 조선의 백성이 타향 땅에 끌려와서 어쩌다 물불과 같은 지옥에 빠져 있음에도 불구하고 구제할 수 없으니, 어찌 마음이 편안하겠습니까? 처음에 도쿠가와 이에야스는 일본에 잡혀온 조선 백성들을 돌려보내려는 의지가 있었습니다. 그런데 지금 나는 빈손으로 돌아가게 되었습니다. 그러니 이곳에 있는 조선인들이 돌아갈 수 있도록 해주시오.

사명대사는 도쿠가와 이에야스와 회담을 하고, 국가 안전 확보에 대한 약속과 포로의 송환을 요구했다. 이에야스는 강화 내용을 지키겠다고 약속했다. 그러나 사명대사가 귀국할 때까지 약속을 지키지 않았기 때문에, 이 사실을 일본의 승려에게 알려 이에야스가 약속을 지켜줄 것을 재촉하고 있는 것이다.

사명대사는 1605년 봄, 교토의 후시미 성에서 도쿠가와 이에야스와 회담을 벌였다. 이것은 이에야스가 에도막부를 열고 최초로 맞이한 외교 사절과의 회담이었다. 사명대사는 조선으로 귀국할 때 1391명의 포로를

● **자료 5.** 사명대사

데리고 돌아갔다고 한다. 이것은 사명대사의 열의와 강화를 하겠다는 이에야스의 의지가 있었기 때문에 실현된 것이었다.

사명대사의 노력으로 1607년 조선 사절단이 에도 성에 들어오게 되었다. 장군 도쿠가와 히데타다는 이에야스의 정책을 그대로 유지하려 했기 때문에 조선과 일본은 국교를 회복할 수 있었다. 이 외에도 조선과 일본의 국교 회복에는 쓰시마의 힘겨운 노력도 있었다.

자료 6의 조선 국왕의 국서에는 '봉복(奉復)'이라고 쓰여 있다. 이것은 도쿠가와 이에야스의 국서에 대한 회신이었다. 그러나 실제로 막부에 제출된 자료에는 '봉서(奉書)' 즉 조선 국왕이 국서를 보내는 것처럼 되어 있다. 또 8행에서는 원문의 대부분이 바뀌어졌다.

쓰시마가 국서를 고치면서까지 국교 회복을 위해 노력한 결과 1607년

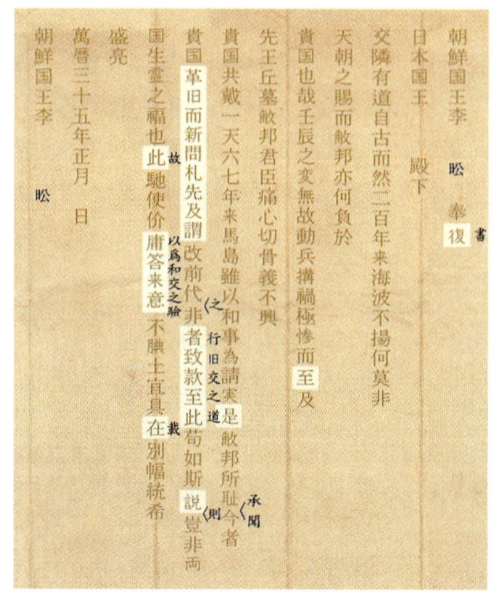

朝鮮国王李昖奉復書
日本国王殿下
交隣有道自古而然二百年来海波不揚何莫非
天朝之賜而敝邦亦何負於
貴国也哉壬辰之変無故動兵搆禍極惨而至及
先王丘墓敝邦君臣痛心切骨義不興
貴国共戴一天六七年来馬島雖以和事為請実是敝邦所耻今者
革旧而新問札先及謂改前代非者致款至此苟如斯説豈非両
国生霊之福也此馳使价庸答来意不腆土宜具在別幅統希
盛亮
萬暦三十五年正月　日
朝鮮国王李昖

● **자료 6.** 위조된 조선 국왕의 국서 내용

조선에서 사절단이 일본에 도착했다. 사절단은 장군 도쿠가와 히데타다와 회담하고 조선 국왕 선조의 국서를 전달했다. 물론 그 국서는 쓰시마 번주 소 요시토모와 신하인 야나가와 요시노부가 고쳐 쓴 가짜였다. 선조의 국서를 중간에서 바꿔치기한 것이다.

왜 쓰시마는 국서를 고쳐 쓰면서까지 조선과 일본의 국교를 부활시키려고 했을까?

사실 도쿠가와 이에야스는 조선과의 국교를 원했지만, 전쟁에 대해 사과하고 싶은 마음은 없었다. 조선은 사죄를 요구했다. 그래서 소 씨는 도쿠가와 이에야스와 조선이 서로 원하는 것을 얻을 수 있도록 국서를 고쳐 썼다. 후에 이 사실이 발각되어 쓰시마의 책임자들은 재판을 받았지만, 막부는 쓰시마 번의 중신 몇 명만을 유배하는 정도로 끝냈다.

소 씨가 세키가하라 전투에서 이에야스 편에 가담하지 않고 서군에 가담했던 것과 당시의 국서를 고쳐 쓴 것에 대해 무겁게 처벌하지 않은 것은 막부의 조선 외교가 그만큼 중요했다는 사실을 말해 준다. 또한 일본과 조선의 국교 회복으로 무역에서 얻은 쓰시마 번의 이익은 연간 20만 냥 이상이었는데, 그것은 나가사키에서 청과 하는 무역액 10만 냥을 크게 웃도는 것이었다.

그리고 쓰시마 번의 관리로서 오
랫동안 일한 아메노모리 호슈^{자료 7}
는 『교린제성』이라는 책을 통해 조
선과의 선린 우호를 지속해야 한다
고 호소했다. 이 책은 조선 외교를
할 때는 어떤 마음을 가져야 하는
가에 대해 쓴 책이다. 그는 조선과
외교를 하기 위해서는 조선의 풍속
과 관습을 잘 이해하고 문화나 풍
속의 다름을 존중해야 한다고 사례
를 들어 설명했다. 덧붙여 조선에

● **자료 7.** 아메노모리 호슈

대한 편견이나 멸시는 버려야 한다고 하면서 성신의 나눔을 강조했다.
"성신의 나눔을 사람들이 잘 이해하고 말하는 것 같지는 않다. 성신은
진심을 다한다는 말로, 서로 속이지 않고 다투지 않고 진심으로 나누는
것이야말로 참된 의미의 성신이다" 라고 이야기했다.

에도막부와 조선 왕조, 통신사를 바라보는 두 시선

3대 장군 도쿠가와 이에미쓰의 행적을 그린 「에도 그림병풍」^{자료 8}에 그
려진 통신사는 그 모습이 상당히 왜곡되어 있다. 통신사 일행을 일본인
처럼 그렸고, 또 통신사가 말을 끌 리가 없는데 통신사가 말을 끄는 모
습을 그렸다. 정사(사절단의 최고 책임자)와 부사(부책임자)도 구분하지

● **자료 8.** 「에도 그림병풍」

않았다. 상인으로 보이는 인물의 복장도 분명 조선 복장은 아니다. 그림의 모델이 몽골 사람이라는 이야기가 있다.

막부는 자신들의 정책에 통신사를 이용했다. 에도막부는 막부에 복종하지 않는 다이묘들에게 통신사가 일본을 방문하는 모습을 보여줌으로써 그들을 굴복시키려 했다. 예를 들면 통신사가 2대 장군 도쿠가와 히데타다의 취임을 축하하기 위해 찾아온 것을 다이묘에게 보여주고 도요토미 시대가 끝났음을 깨닫게 했다. 동시에 민중에게는 다음과 같은 생각을 하도록 만들었다.

조선의 사신이 일본에 오는 것은 그들이 일본의 신하임을 인정하고, 또 공물을 헌상하기 위한 것이다. 만일 그들이 그렇게 하지 않으면 장군은 그들을 다시 정복할 것이다.(도쿄대학교 사료편찬소, 『일본관계 해외사료 영국상관장 일기』)

또한 아메노모리 호슈와 같은 시대를 살았던 유학자 아라이 하쿠세키는 다음과 같이 말했다.

옛날에는 삼한의 나라들은 모두 우리나라 서쪽에 있는 야만국으로, 그 나라의 왕은 우리나라에 복속되어 있었다.(『아라이하쿠세키 전집』 제3)

그는 조선과 '대등·화평·간소'의 외교를 추진하려 했다지만, 사실은 조선을 속국으로 간주했다는 사실을 알 수 있다.

한편 조선 왕조도 쓰시마 번이 국서를 고쳐 쓴 사실을 알고 있었지만 모르는 척하고 통신사를 파견해서 일본의 국내 정세를 알아내려 했다.

조선 왕조는 그 당시 명과 청의 정치·군사적 대립을 둘러싸고 내분이 있었다. 그런 상황에서 국제 관계를 유리하게 하기 위해 일본과의 관계를 정상화하고 싶어 했다. 나중에 조선은 실제로는 청에 조공을 하면서도 자신들이 중화 문명의 계승자라는 소중화사상을 강화했다. 따라서 일본에 통신사를 보내는 일은 중화 문명을 일본에 전한다는 명분이 있었다.

당시 조선 왕조 내에는 통신사 파견에 대해 세 가지 입장이 있었다.

영의정 유영경은 '먼저 쓰시마에 관리를 파견한 후 그 반응을 보고 의논하자'는 신중론을 펼쳤다. 많은 사람들이 신중론에 동의했는데, 그 이유는 기본적으로는 일본에 대한 불신과 경계심 때문이었으며, 다른 한편으로는 당시 도쿠가와 이에야스와 도요토미 히데요시의 아들 히데요리와의 대립 때문이기도 했다.

다음은 강신의 허가론이다. 일본의 요청을 무시할 경우 그들이 다시 침략할지도 모르기 때문에 당분간은 통신사를 보내 우호 관계를 유지하는 것이 좋다는 것이었다.

제3의 입장은 거부론이었다. 당연히 전쟁으로 피폐해진 조선을 재건하는 것이 우선이라는 생각이었다.

조선 왕조가 어떤 입장을 취하건 상관없이 쓰시마 번의 관리는 부산의 왜관에서 외교 사무를 보았다. 수도인 한성까지 일본인을 오게 한다면 재차 침략당할 염려가 있다고 생각했기 때문이다.

일본과 조선의 백성은 통신사를
어떻게 생각했는가?

일본 각 지역에서는 통신사를 소재로 토산물을 많이 만들고 있다. 도모노우라의 하리코 인형 중에는 통신사 악사들의 모습을 흉내내서 만든 것들이 있다. 또 도모노우라의 명산물인 약주를 담은 약주 병에는 통신사의 한시가 적혀 있다. 이것은 상당히 인기가 있어 전국에 판매되었다. 이 밖에도 통신사가 남긴 문화는 전국에서 널리 볼 수 있다.

그러나 일본 백성들이 통신사를 반기기만 한 것은 아니었다. 통신사가 오면 백성들은 통신사를 접대하기 위해 여러 가지 부담을 떠안아야 했다. 자료 9는 상가가 숙소로 할당되었음을 보여주고 있다. 통신사 일행을 위해 44채의 숙소가 할당되었다.

백성들은 통신사를 어떻게 생각하고 있었을까?

「창포부물(菖蒲賦物) 단오 축제」 두루마리 그림자료 10은 1741년 단오 축제를 묘사한 그림이다. 이 그림에 조선 어린이 두 명이 그려져 있다. 조선 모자를 쓰고 조선 옷을 입은 모습은 우시마도의 조선 어린이들과 너무나 비슷하다. 그 중 한 아이는 군배를 들고 사자를 타고 있다. 또 한

구분	숙소	구분	숙소
상판사 · 학사 · 양의	민간 가옥 1채	통역 관계자	민간 가옥 6채
상관 · 차관	민간 가옥 1채	쓰시마 도주	민간 가옥 1채
중관	민간 가옥 1채	쓰시마 번 관계자	민간 가옥 24채
하관	민간 가옥 9채	기타	민간 가옥 1채

● **자료 9.** 통신사 일행과 쓰시마 번 관리들의 숙소 할당표

아이는 나팔을 손에 들고 있다. 행렬의 끝에는 호랑이와 무사들이 이어진다. 이 호랑이는 가토 기요마사가 조선에서 잡았다는 호랑이를 떠올리게 한다.

만일 이게 사실이라면 오카야마 번의 백성은 통신사가 그 지역에 온 것을 축제의 행사(가라코 오도리)로 만들어 전승했으며, 심지어는 히데요시의 조선 침략 선봉에 섰던 가토 기요마사도 축제 공연물로 만들었다는 얘기가 된다.

오카야마 번은 백성이 조선인과 직접 만나는 것을 금지했다. 특히 물건을 사고파는 행위를 엄하게 막았다. 단 구경만은 허락했는데, 그럴 경우에도 집이나 해안이나 높은 산에서 예의 바르게 보도록 주의를 주었다. 유학자의 교류는 금지하지 않았다.

백성들의 조선관은 다양했다. 그 중 한 예가 하네가와 도에이의 「조선인 내조도」자료 11이다. 여기에 등장하는 조선인의 옷차림이 조선답지 않고 가마 안의 정사도 어린아이처럼 보인다. 통신사를 맞이하는 구경꾼도 막부의 지시에 따라 예의 바르게 행동하지 않는다.

전체적으로 보아 이 그림의 분위기는 정식 외교사절인 통신사를 맞이

● **자료 11.** 통신사를 환영하는 에도 시민

하는 분위기라기보다 산노 신사 축제 분위기와 딱 맞는다. 즉 이 그림은 에도 삼대 축제 중 산노 신사 마쓰리를 묘사한 그림으로, 그 안에 통신사 일행을 넣은 것이다. 이렇게 묘사된 이국인들의 모습은 각 지역의 축제에서 흔히 볼 수 있었다.

그렇다면 조선 백성들은 통신사를 어떻게 생각했을까?

신은 통신사가 왕래하는 길에 살고 있는데, 그들이 돌아올 때 군읍에 끼치는 폐단이 실로 큽니다. 통신사가 말을 타는 것은 아니지만 그들을 따라가는 사람들이 타는 말을 모두 각 역에 부담하게 하고, 선물을 운반하는 것도 말을 세내어 운반하는데 정사의 것만 30여 바리가 됩니다. 부사도 같습니다. 각 고을 관리들이 사방 고을로 가서 강제로 말과 소를 동원하고 사람도 뽑아갑니다. 부산 관리는 각 고을에 지시를 내려 선물을 운반하기 위해 인부 500여 명을 모집하고 그것도 모자라 1000명 정도의 사람을 추가로 대기시켰습니다. 이 사람들을 마음대로 1000여 명이 넘게 뽑아가고 그것도 1000리 먼 길까지 데려가니 백성들의 원망이 조정에 미치고 국왕을 의심할까 걱정됩니다. 이런 호소를 국왕은 '사리에 맞지 않는다'고 받아주지 않았습니다.(『조선왕조실록』)

18세기 초기의 조선과 일본의 백성들은 통신사를 위해 숙소와 말을 제공하고, 노동력을 징발당했다는 사실을 알 수 있다. 그리고 그 부담이 너무 크다고 호소를 해도 국왕은 받아들이지 않았다.

조선과 일본의 다양한 노력과 정책의 전환으로, 1607년부터 12차례의 사절이 조선에서 파견되었다. 이 교류를 통해서 조선과 일본은 많은 영향을 주고받았으며, 이 영향은 현재에도 계승되고 있다.

조선시대 농민의 생활

조선시대 농민들은 어떤 집에서 무엇을 먹고 살았을까? 어떻게 농사를 지었을까? 자기 땅은 가지고 있었을까? 정부로부터 어떤 보호와 통제를 받았을까? 농민들은 국가의 가혹한 세금 수탈에 어떻게 저항했을까?

어떤 집에서 무엇을 먹고 살았을까

농민들은 초가집에서 살았다. 바깥채에는 가축을 기르는 외양간, 물건을 넣어두는 창고, 변소 등이 있었다. 집의 구조는 기후와 지형 등 자연 조건과 거주자의 경제력 등에 따라 달랐다. 농민들의 집은 대체로 ―자형이나 ㄱ자형이 기본이었고, 큰 집의 경우는 ㄷ자형, ㅁ자형이었다.

남자들은 평소 외양간의 가축을 돌보고 퇴비를 만들었다. 여자들은 방아를 찧고 식사를 준비하며 옷감 짜는 일을 했다. 자료 1은 여자들이 마당에서 실에 풀을 먹이는 작업을 보여주고 있다. 실 아래에는 약하게 불을 피워, 풀 먹인 실이 빨리 마르도록 했다. 여자들이 짠 옷감은 집안

● **자료 1.** 조선시대 농가의 구조

식구들이 입을 옷을 만들기도 했지만, 나라에 세금으로도 바쳐야 했다.

　조선시대 농민들은 밥에다 몇 가지 반찬을 곁들여 식사를 했다. 하루에 먹는 끼니 수는 계절에 따라 달랐다. 낮 시간이 짧은 겨울철에는 보통 두 끼를 먹었으며, 힘든 일을 하는 농번기나 특별한 일이 있는 경우 간식이나 점심을 먹기도 하였다. 벼농사가 주업인 남부 지방에서는 쌀을, 북쪽 지방에서는 조를 주식으로 하였다. 점심은 간단히 먹었는데, 주로 아침에 남은 밥을 먹거나 국수나 감자, 고구마, 옥수수 등으로 끼니를 때우는 경우가 많았다.

김치 담그기와 간장 담그기

● **자료 2.** 김치 담그기(좌)와 간장 담그기(우)

한국인들은 콩 음식을 즐겨 먹는다. 고기를 자주 먹을 수 없었던 한국인에게 콩은 주요한 단백질 공급원이었다. 콩으로 두부를 만들어 먹기도 하지만, 대표적인 콩 음식은 된장이다. 일본인들도 미소라고 부르는, 콩을 발효시킨 된장을 즐겨 먹는다. 미소는 『왜명유취초』에서 고려 된장을 미소라고 하고, 한자도 아예 같은 음인 미소로 적고 있는 것으로 보아 한반도에서 일본으로 전해진 것으로 보인다. 다만 일본 미소는 습기가 많은 기후 조건 때문에 누룩을 많이 섞어 만드는 데 비해, 한국 된장은 콩 자체만으로 만든다.

  된장과 함께 한국을 대표하는 음식은 김치이다. 김치는 소금에 절인 채소란 뜻으로 딤채(沈菜)라 불렸다. 허연 김치가 붉게 된 것은 임진왜란 때 들어온 고추 때문이다. 고추는 얼마 가지 않아 한국인의 입맛을 사로잡았다. 특히 고추를 갈아 새우나 멸치로 만든 젓갈과 함께 버무려 만든 김치는 수백 가지 종류로 발전하면서 한국인의 밥상을 차지하였다.

농사는 어떻게 지었을까

만약 여러분이 친구 집에 놀러 갔다가 똥을 누고 싶으면 어떻게 하는가. 당연히 친구 집 화장실을 이용할 것이다. 하지만 조선시대에 그랬다면 아마도 아버지께 야단을 맞았을 것이다. 폐를 끼쳤기 때문이 아니다. 소중한 똥을 함부로 남에게 주어 버렸기 때문이다.

뿐만 아니라, 산길을 가다 똥을 누게 되면 나뭇잎에 싸서 가지고 왔다. 왜 이렇게 똥을 소중하게 생각하였을까? 똥과 오줌은 다른 어떤 거름보다 질이 좋기 때문이다. 곡식 껍질이나 볏짚, 재 등과 섞어 푹 썩히면 이보다 더 좋은 거름이 없었다.

이전 시대인 고려시대만 하더라도 일부 기름진 땅을 제외하고는 매년 경작하지 않고 1~2년 묵히는 농법이 행해졌다. 고려시대에는 사람의 똥이 아닌 가축의 똥을 주로 비료로 사용했기 때문이다. 그런데 조선 전기인 15세기부터 가축의 똥보다 훨씬 양도 많고 질도 좋은 사람의 똥을 본격적으로 사용하게 되면서, 경작지를 묵히지 않고 농사를 지을 수 있게 되었다.

고려 말부터 행해진 논농사의 모내기는 봄 가뭄에 따른 물 부족 문제 때문에 여전히 일부 남부 지방에서만 행해졌다. 봄 가뭄은 기후와 지형의 영향이 컸다. 봄철에 한반도의 남북으로 뻗어 있는 태백산맥을 넘어온 고온 건조한 바람으로 모내기 철에 가뭄이 드는 경우가 많았다. 그런데 모내기 법은 왜 물이 많이 필요할까?

모내기 법이란 따로 못자리에서 기른 어린 모를 논에 옮겨 심어 재배하는 방법이었다. 먼저 논의 한쪽 구석에 못자리를 만든 다음 겨우내 잘 보관해 둔 볍씨를 소독하고 싹을 틔워 이 못자리에 뿌렸다. 약 40일이 지나면 옮겨 심을 만큼 모가 자라났다.

모내기 법이 보급되면서 논에 벼를 옮겨 심기 전에 보리를 심었다. 못자리를 이용하면 보리와 벼의 재배 시기가 겹치지 않기 때문이었다. 자료 3의 오른쪽「경직도」의 아래 부분과 같이 보리를 수확하고 나서, 못자리에서 자란 모를 보리를 거둔 자리에 옮겨 심었다. 모내기 할 논은 똥거름을 주고 쟁기로 갈아엎어 땅의 힘을 북돋웠다. 이어서 물을 대고 흙덩이를 잘게 부수어 논 표면을 잘 골랐다. 이 작업이 끝나면 논에 물을 발목 높이만큼 채운 후 모내기를 했다.

모내기를 한 뒤에도 농민들은 바쁜 나날을 보내야 했다. 적당한 때를 골라 거름을 주고 물을 관리하고 잡초를 뽑아야 했기 때문이다. 농사에서 가장 일손이 많이 필요한 일은 잡초를 뽑는 작업이었다. 잡초를 없애지 않으면 양분을 잡초에 다 빼앗겨 심은 작물이 재대로 자라지 못했다. 모내기를 하면 땅을 갈아엎게 되므로 잡초가 없어지고, 물을 댄 상태에서 모를 심기 때문에 잡초를 줄일 수 있었다. 모내기를 한 뒤 약 한 달가량 지난 후부터 호미를 이용하여 김매기를 시작했는데, 추수 때까지 총 4, 5차례 반복했다. 이런 노력 끝에 8월 중순에 이삭이 나오고, 40~45일이 지난 9월 중·하순경에 수확을 했다.

그런데 모내기 법에는 치명적인 약점이 있었다. 모를 옮겨 심을 때 물이 반드시 필요하고, 일정 기간 동안 한 번에 많은 일손이 필요한 점이었다. 모내기를 하지 않고 볍씨를 논에 직접 뿌릴 경우에는 어느 정도 가뭄이 들어도 큰 지장이 없었지만, 모내기 법은 모내기를 할 때 물이 부족하면 결국 그해 농사를 망칠 수밖에 없었다. 조선시대 중기까지 정

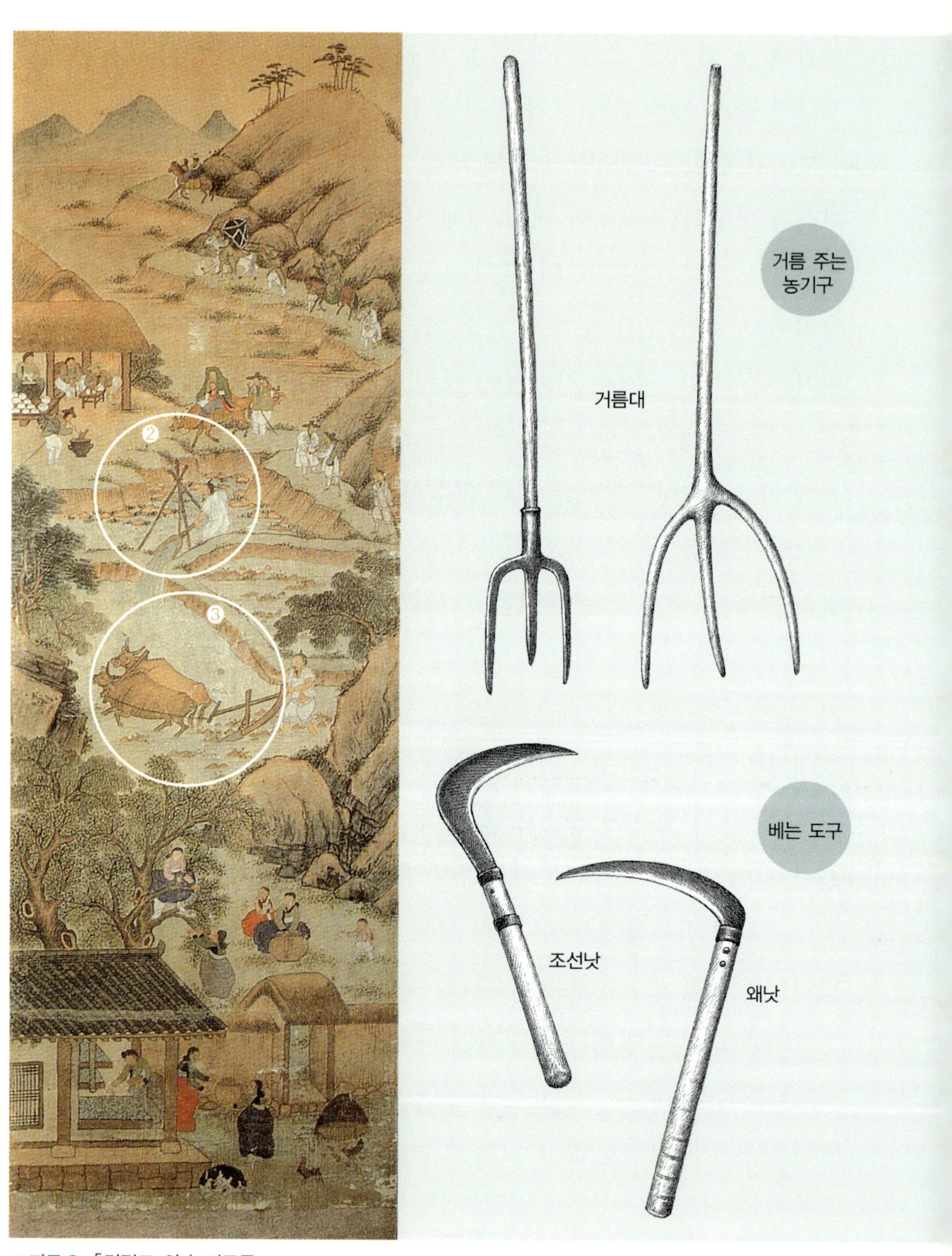

● **자료 3.** 「경직도」와 농기구들

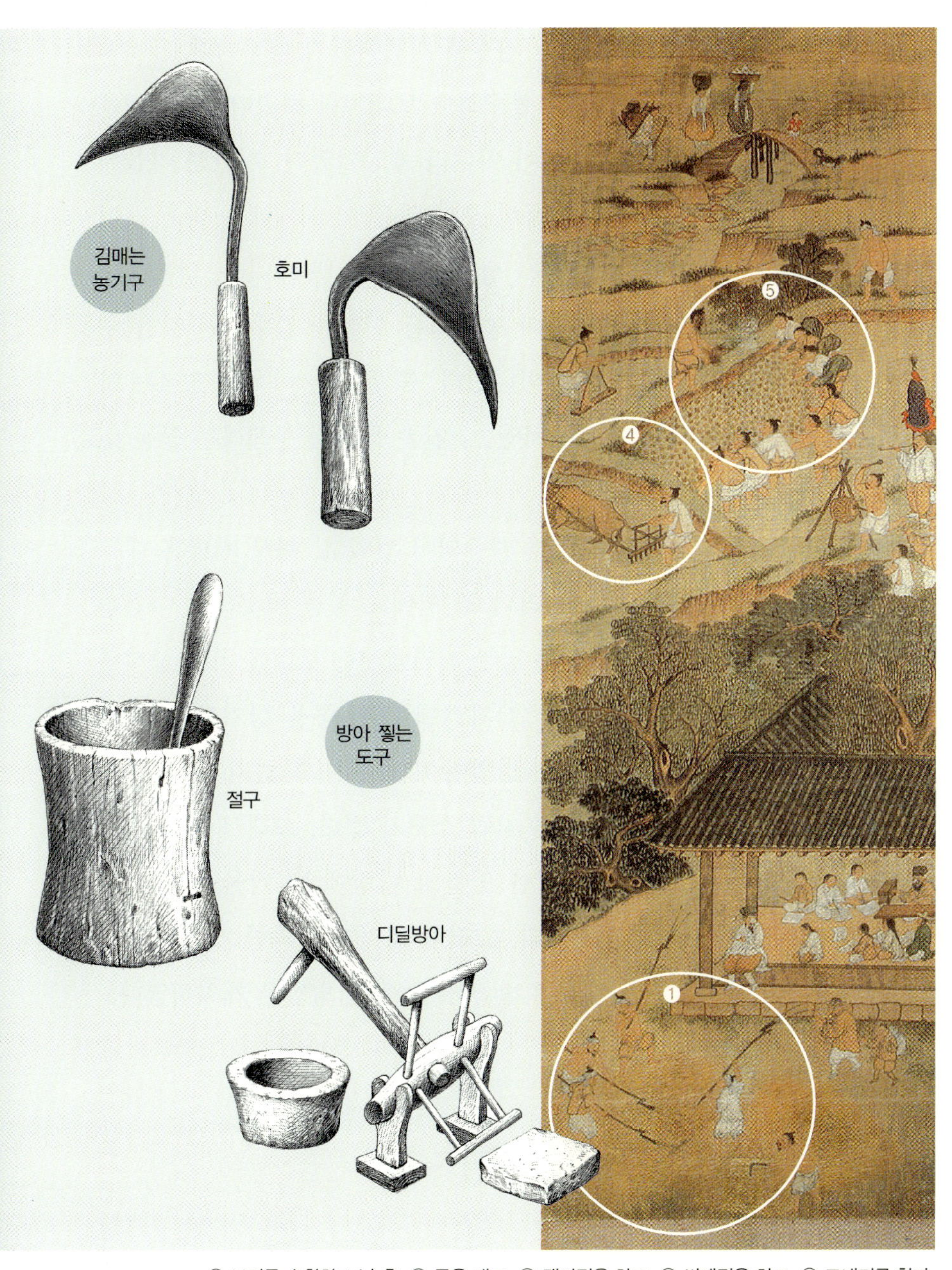

① 보리를 수확하고 난 후, ② 물을 대고, ③ 쟁기질을 하고, ④ 써레질을 하고, ⑤ 모내기를 한다.

부에서 모내기를 금지한 것도 이런 경우를 걱정하였기 때문이다.

농민들은 정부의 금지 명령에도 불구하고 모내기를 하였다. 왜 그랬을까? 가난한 농민들에게 봄은 축복이 아니라 재앙이었다. 지난해 가을에 수확한 쌀이 떨어져 가고 아직 여름이 오지 않은 이 시기에는 먹을 것이 무척 많이 부족하였다. 이때 보리는 생명줄이었을 뿐 아니라, 당시에는 과세 대상이 아니었다. 살기 위하여 농민들은 위험을 감수하지 않을 수 없었다. 물론 막무가내로 한 것은 아니었다. 물 문제는 마을에 흐르는 하천에 보를 만들어 어느 정도 해결하였고, 일손 문제는 두레라는 공동 노동 조직을 만들어 해결하였다.

한반도의 논은 중부 이남 지방에 편중되어 있었고, 북부 지방은 대부분 밭농사 지대였다. 밭에서는 보리와 조 외에도 콩을 비롯하여 다양한 농산물이 생산되었는데, 그 가운데 남부 지역에서는 보리를 특히 중시했다. 15세기에는 보리를 베어내고 그 자리에 다시 콩을 심기도 하였다. 보리, 콩, 조를 2년 동안 돌려 짓는 방법이 17세기 이후 널리 행해졌다.

그런데 이렇게 돌려 짓기를 하면 지력 소모가 컸다. 그래서 남부 지방에서는 밭을 만들 때 이랑과 고랑을 만들고 이랑에 밭 작물을 심었다. 이듬해에는 이랑과 고랑을 바꾸었다. 그러나 토지가 부족한 가난한 농민은 고랑을 비워 두기보다는 그곳에 밭 작물을 심는 방법을 개척하였다.

자기 땅은 소유하고 있었을까

조선의 농민들은 에도시대 일본의 농민들과 달리, 지배층인 양반들과 같

● **자료 4.** 경주 양동 마을 모습

은 지역에서 살았다. 특히 양반의 땅을 빌려서 농사짓는 소작인들의 집이나 양반 집에서 부리는 노비의 살림집들은 양반 집 주변에 자리잡고 있는 경우가 많았다. 자료 4와 같이 지주 양반들의 집은 소작인과 노비들이 자신들의 땅에서 일하는 모습을 바라볼 수 있는 위치에 자리하기도 하였다.

조선 초기인 15세기에는 자기 땅을 가진 농민이 많았다. 조선 건국 당시 정부가 권세가들이 불법적으로 차지했던 땅을 농민에게 돌려주었기 때문이다. 그렇지만 자작농이라고 해도 땅은 그다지 넓지 않았고, 땅을 못 가진 농민도 적지 않았다. 당시에 땅을 많이 가진 지주는 가능한 한 자신의 노비를 이용해서 농사를 지었다. 그래도 남는 땅이 있으면 농민들에게 빌려 주었다. 그 대가로 농민은 일반적으로 수확량 가운데 절반을 지주에게 바쳤다.

지주들은 양반이라는 신분과 지주라는 경제적 지위를 이용하여 소작료와 그 밖의 토지세, 농기구, 종자 등의 부담을 소작농들에게 강요하였다. 16세기에 세금 제도가 문란해지면서 농민이 내야 할 세금이 늘어나고 지주제가 널리 확대되자, 농민들은 점차 몰락의 길을 걷게 되었다. 세금 부담을 감당하지 못한 농민이 도망을 가면 이웃이나 친척이 그 세금을 대신 내도록 하여 남아 있는 농민들의 부담이 늘어났고, 그 부담을 이기지 못한 농민들이 다시 도망을 가는 악순환이 거듭되었다.

정부는 농민을 어떻게 보호하고 통제했을까

조선 정부의 재정은 대부분 농민들이 낸 세금과 노동력으로 유지되었다. 농민들은 토지세, 국가와 관청에서 필요한 지역의 특산물 납부, 그리고 국가에서 필요로 하는 노동력 제공 등을 강요당했다. 농민층이 몰락하면 지배 체제 역시 무너지게 되므로, 조선 정부도 여러 가지 대책을 세웠다. 크게 두 가지 정책을 실시하였는데, 하나는 농민들을 보호하는 것이었고 하나는 통제하는 것이었다.

먼저 농민을 보호하는 정책을 살펴보자. 조선 정부는 농사철에는 민간의 소송사건도 미루고 사형 집행도 연기하였다. 농사일에 전념하도록 배려한 것이다. 토지 개간을 장려하고 농업 생산력을 향상시키기 위하여 새로운 농업기술과 농기구를 개발하여 보급하였다. 농부들의 실제 경험을 토대로 한 『농사직설』과 같은 농서를 편찬한 것에서도 정부의 이런 노력을 잘 알 수 있다. 농사 시기를 제대로 알 수 있도록 조선의 실정에

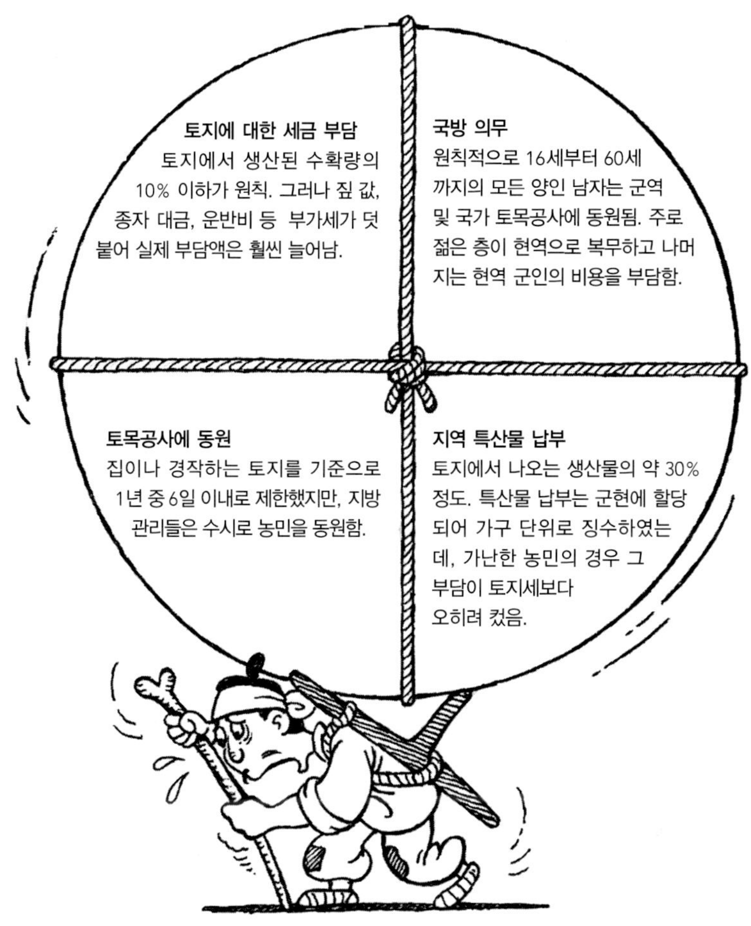

● **자료 5.** 조선시대 농민의 세금 부담

맞는 역법서를 편찬하고 농사에 중요한 강우량을 측정하기 위한 각종 천문 기구를 만든 것도 조선 정부가 중농 정책을 펼쳤다는 한 증거다.

한편 농민들의 어려움을 덜어주는 대책들도 있었다. 정부에서는 먹을 것이 없고 이듬해에 농사지을 씨앗이 없는 빈민들에게 아주 싼 이자를 받고 곡식을 빌려 주었다. 잡곡, 도토리, 나무껍질 등을 가공하여 먹을 수 있는 방법을 담은 책을 펴내기도 하였다.

다음은 농민들을 통제하는 정책을 살펴보자. 조선 정부는 농민들을 통제하고 감시하기 위해 다섯 집마다 하나의 단위로 묶어 서로 감시하게 하고, 일종의 신분 증명서라고 할 수 있는 호패를 강제로 차게 하였다. 농민들은 마음대로 거주지를 옮기면 처벌을 받았다. 지주 양반들은 유교 윤리를 중심으로 운영되는 지방자치 조직을 만들어 농민에 대한 통제를 강화하였다.

수탈에 어떻게 저항했을까

양반 중심의 신분제 사회였던 조선에서는 정치권력을 독점하고 사회적 특권을 누릴 수 있는 양반이 아니면 지주가 되기 어려웠다. 하지만 17세기 이후 지방의 장시를 중심으로 상업이 발달하고 그와 더불어 농사짓지 않는 인구가 늘어나자, 상업적 농업으로 성공하는 농민들이 늘어났다. 이들 농민들은 쌀, 보리, 콩 등을 값이 비쌀 때 장시에 내다 팔고, 한편으로는 담배, 면화, 약재 등 상품 작물을 재배하여 이익을 남겼다.

상품 화폐 경제가 발달하면서 토지 거래가 활발해지자, 누구나 돈만 있으면 땅을 사들여 소작을 주고 지주 노릇을 할 수 있게 되었다. 상인과 농민도 지주가 되는 한편 양반 출신 소작농이 등장하기도 하였다. 지주가 된 농민들은 합법적 혹은 비합법적인 방법으로 양반 신분을 얻었다. 양반이 되면 국가의 각종 세금을 면제받을 수 있기 때문이었다. 또 기존 양반 중심의 지방자치 조직에 진출하여 지방 권력을 장악하기도 하였다.

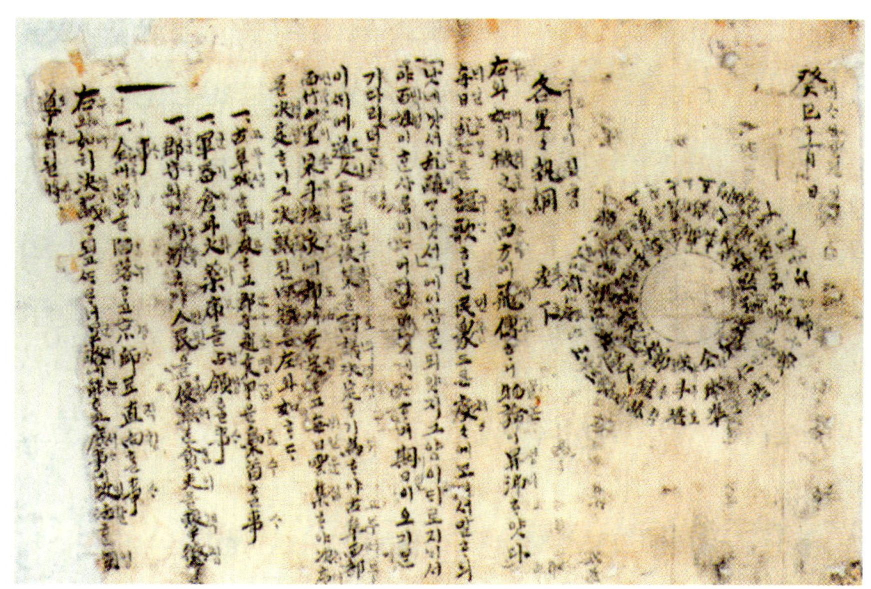

● **자료 6.** 봉기 참가자들이 사발을 엎어 그린 원을 중심으로 이름을 적은 사발통문

부를 축적하여 양반이 된 농민들도 있었지만, 대부분의 농민들은 세금과 토지 임대료의 부담을 이기지 못해 결국 자기 토지를 팔 수밖에 없었다. 토지를 잃은 농민들은 농촌에서 일용직 임금노동자가 되거나 아예 농촌을 떠나 도시나 광산으로 들어가기도 하였다.

19세기 전반기에는 유력한 가문들이 자신들의 이익만을 위해 어리고 무능한 왕들을 꼭두각시로 내세워 정치권력을 독점하였다. 이 시기에는 일반 백성들은 물론이고 대다수 양반들마저 정치에서 배제되었다. 중앙 정치가 문란해지자 지방 수령의 부정을 막을 수 없게 되었고, 이로 인해 지방 수령직을 사고파는 일들이 생겨났다. 빚을 얻어 관직을 산 수령들은 불법적인 세금을 걷어 자신의 빚을 갚고 재산도 늘리려고 하였다.

상업적 농업을 발판으로 하여 부유해진 농민들도 지방 관리들의 집중적인 수탈의 대상이 되어 가난해졌다. 빈번한 자연재해와 질병으로 인해 가난한 농민들의 어려움은 더욱 커졌다. 도저히 세금을 감당할 수 없게 되자, 농민들은 농토를 버리고 떠돌며 도적이나 광산 노동자가 되거나, 깊은 산속에 들어가 밭을 일구며 살아가는 화전민이 되었으며, 간도나 연해주로 이주하는 이들도 있었다.

16세기 이후에는 생활이 어려워진 농민과 하층민들이 화적이라 불리는 도적 집단을 형성하여 부자들과 지방관청을 공격하는 일이 자주 일어났다. 19세기에는 지방관의 잘못을 규탄하고 시정을 촉구하는 고을 단위의 농민 봉기가 자주 일어났다. 이러한 투쟁들을 통해 농민들의 의식도 점차 성장하여, 19세기 중반에 가서는 농민 반란이 일어나지 않는 지역이 없을 정도가 되었다.

에도시대 농민의 생활

에도시대 마을에는 백성 신분인 농민이 살았다. 무사는 죠카마치로 거주지를 옮겼기 때문이다. 그 당시 농민은 어떤 농기구를 사용하여 농업 생산 활동을 했을까, 그리고 어떻게 살았을까?

농민의 상징, 괭이

자료 1은 중세 농민을 묘사한 그림이다. 당시의 농민을 상징하는 농기구 괭이를 어깨에 메고 허리에는 칼을 차고 있다. 볏짚으로 짠, 뒤꿈치가 없는 짚신을 신고 있다. 허리에 찬 칼은 자립한 농민이라는 증거다. 에도시대가 되면서 무사 이외에는 칼을 지닐 수 없었다. 에도시대에도 농민을 상징하는 농기구는 여전히 괭이였다. 짚신도 에도시대 농민의 일상적인 신발이었다.

자료 2는 에도시대 농업에 관한 책에 실린 괭이다. ①은 다양한 용도로 쓰인 일반적인 괭이고, ②는 진흙땅을 갈 때 쓰던 괭이다. ③은 갈퀴

● **자료 1.** 괭이를 둘러멘 농민

가 세 개인 괭이로 땅을 깊게 갈 때 쓰였으며, 18세기 후반 각 지역에 보급되었다. ②의 괭이도 진흙밭을 갈 때 쓰지만, 흙이 잘 들러붙고 땅을 일굴 때 깊숙이 박혀 저항이 커서 작업 능률이 오르지 않는다. 그래서 괭이에 들러붙은 흙을 쉽게 떨 굴 수 있는 괭이를 만들었다. 그 것이 ③의 세 갈퀴 괭이로 논을 갈 때에도 사용되었다. 에도시 대에는 일본 전국 각지에서 각 지역의 토양 점성에 맞는 독자 적이고 다양한 괭이를 만들었다. 어떤 흙인가에 따라 갈퀴의 폭과 길이, 자루의 구부러진 각도나 길이가 다른 것들을 선택해서 사용했다.

이에 비해 ④의 쟁기는 소나 말이 끌게 해서 논을 가는 농기구였다. 쟁기는 가마쿠라시대부터 땅을 파는 중요한 농기구로 사용되었다. 농업 생산의 발전과 함께 에도시대에 땅을 일구는 주요 농기구는 괭이였다. 쟁기는 땅을 깊게 일굴 수 없어서 사용이 정체되었다. 일본에서 땅을 깊이 일구는 쟁기가 만들어지고 보급된 것은 19세기 후반이 되어서였다. 괭이는 에도시대의 농민이 사용한 가장 중요한 농기구였다. 왜 그랬을 까?

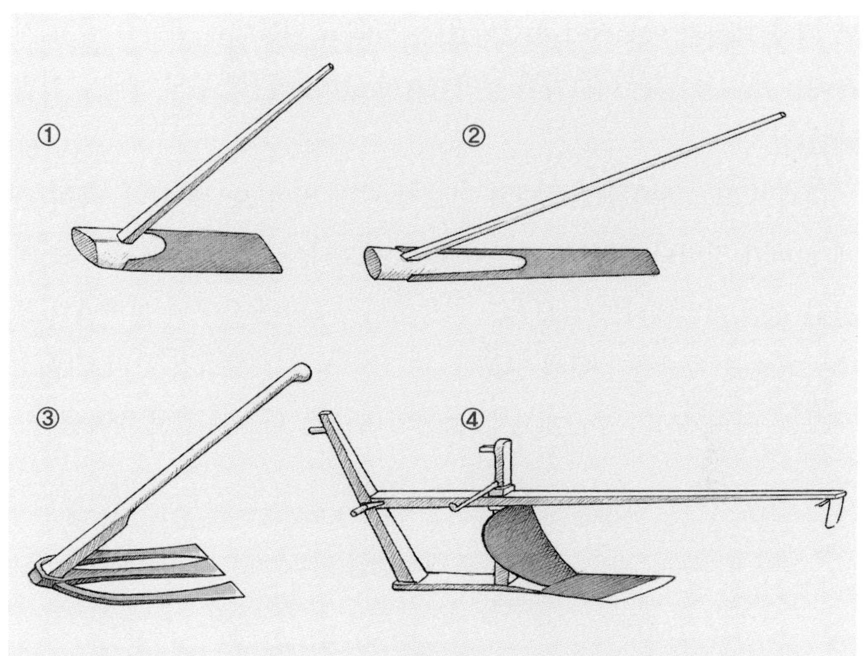

● **자료 2.** 일본의 괭이와 쟁기(① 일반적인 괭이, ② 진흙땅을 일구는 괭이, ③ 세 갈퀴 괭이, ④ 쟁기)

괭이에 의한 노동이 발달한 이유

13세기 가마쿠라시대 초기에는 농민에 의한 소규모 농지 개발은 있었지만, 큰 하천에서 용수를 끌어다 쓸 수 있는 농업 토목 기술이 그다지 발달하지 않았기 때문에, 대규모 농지 개발이 감소했다. 농민들은 한정된 농경지에서 농업 생산을 높이는 방법을 찾아야 했다. 그래서 호미, 괭이, 쟁기 등의 철제 농기구가 발달했고, 소와 말을 농사일에 이용했다. 또 베어낸 풀을 땅속에 묻어서 썩힌 두엄이나, 초목을 태워서 재로 만든 것을 비료로 이용했다. 이들 농업 기술의 보급으로 13세기 후반 서일본 지역에 벼와 보리의 이모작이 확산되었다. 밭에도 여름에는 콩류를 심고 겨울에는 보리를 심는 이모작이 정착했으며 들깨, 삼, 쪽 등의 재배도 활발해졌다.

14세기 무로마치시대가 되자 이모작은 더 많이 보급되었다. 특히 관개 설비가 정비되고, 기후 조건이 좋은 세토나이 지방과 오사카 주변의 농업 선진 지역에서는 삼모작도 가능했다. 1419년 왜구의 침략이 있은 후, 그 일을 처리하기 위해 일본에 온 조선 사절단 송희경은 1420년 오사카 부 아마가사키 부근에서 본 농촌의 모습을 다음과 같이 기록했다.

> 일본의 농가는 가을에 논을 일구어 그 자리에 보리와 밀을 심고, 이듬해 초여름에 그 보리와 밀을 추수한 다음 모내기를 하고, 이른 가을에 벼를 추수한 다음 메밀을 심는다. 이른 겨울 추수한 다음 보리와 밀을 심는다. 이처럼 논에 세 번씩이나 재배를 할 수 있는 것은 냇물의 흐름을 막아 밭에 물을 대어 논으로 만들거나 논의 물을 빼서 밭으로 만들 수 있기 때문이다.(『노송당 일본행록』)

송희경은 선진 농업 지역의 논에서 벼, 보리, 메밀의 삼모작이 가능하다는 사실에 놀랐다. 그리고 그것이 가능했던 것이 뛰어난 관개와 배수 기술 때문이었다는 점에 주목했다. 우리는 위의 기록을 통해 당시의 일본 농업은 좁은 경지에서 최대의 생산을 올리기 위해 집약적으로 경영했다는 사실을 알 수 있다.

이와 같은 농업을 하기 위해서는 경지를 깊게 일구고 비료를 많이 주어야 했다. 경지를 깊게 일구는 것은 중노동이었지만, 한정된 경지에서 수확을 늘리기 위해서는 어쩔 수 없는 일이었다. 특히 모내기 전에 논을 깊게 일구면 땅속에 공기가 통해서 토양 속 유기물이 분해되어 기름진 흙이 되기 때문이다. 그래서 땅을 깊게 일굴 수 없는 우경용 쟁기 대신에 땅을 깊이 일굴 수 있는 괭이로 하는 노동이 발달했다.

이것은 에도시대에도 마찬가지였다. 에도시대 초기는 전국시대에 발달한 축성 기술이 농업 토목 공사에 활용되어, 큰 하천에서 물을 끌어올릴 수 있었다. 그래서 막부와 번이 논을 개혁하는 일에 적극적으로 나섰고 경지 면적은 증가했다. 그러나 에도 중기가 되면서 새 논을 개척하는 것에도 한계가 있었다. 그래서 가족을 중심으로 좁은 경지에 노동력을 집중적으로 투입해서 단위 면적당 생산량을 높이는 노동 집약형 경영 방식을 취하게 되었다.

에도시대 농가는 대부분 5인 가족으로, 일반적으로 그 중 세 사람이 노동했다. 논밭은 30아르 정도에서 1헥타르 전후의 소유가 일반적이었다. 소유 경지가 많은 농가는 머슴과 소와 말이 있었다. 대체로 농가가 이런 식으로 경영을 했기 때문에 괭이를 통한 노동은 더욱 확산되었고 다양한 괭이들이 보급되었다.

에도시대의 마을 지배와 농민

도요토미 정권은 16세기 후반 토지의 넓이, 수확고, 경작자를 조사해서 마을마다 기록하고, 세 부담자를 확정하는 등 토지 조사를 실시했다. 이것을 검지라고 한다. 이 검지로 전국 모든 마을의 영역이 확정되었다. 마을의 생산력도 쌀의 수확고로 환산해 무라다카(마을의 평균 생산량)로 표시하게 되었다. 마을에 사는 사람들은 백성 신분으로 무사들은 죠카마치로 이주했다. 이러한 지배 조직으로 만들어진 것이 에도시대의 마을이었다.

마을은 일반적으로 소가족을 중심으로 하는 약 400여 명 정도의 공동체로, 평균 무라다카가 400~500석(쌀 1석은 약 150킬로그램에 해당)이고, 평균 경지는 50헥타르 정도였다. 전국 인구는 18세기 3200만 정도였고, 이후에 정체되었을 것으로 추정된다.

에도시대 마을의 공통된 특징은 이렇다. 마을의 농민은 논밭과 집이 있고 그것을 토지와 세금 대장인 검지장에 등록한 조세를 부담하는 혼하쿠쇼와, 혼하쿠쇼의 논밭을 소작한다든가 날품팔이 등으로 생계를 유지하는 미즈노미하쿠쇼로 구성되었다. 마을은 혼하쿠쇼가 자치적으로 운영했다. 막부나 제번이 혼하쿠쇼 가운데 임명한 촌역인(무라하쿠닌)이 마을 행정을 담당했다. 촌역인은 검지장에 등록된 토지 면적에 비례하여 마을의 백성들에게 조세를 분담시키고, 그것을 걷어 마을에 대한 책임을 지고 무사에게 납부했다. 이 밖에도 에도 초기에 유력 백성에 속한 하인이 있었는데, 이들은 에도 중후기에 자립해 농민이 되었다.

농민이 내는 주요한 세금은 논밭과 집에 부과되는 세였다. 일본은 이 시기 밭농사도 중시했지만 벼농사를 더 중시했다. 남부의 규슈에서 냉한지인 동북 지방에 이르기까지 농민에게 부과되는 세는 쌀로 내는 것이 원칙이었다. 조세는 정해진 마을 평균 생산량의 절반 정도를 부담했는데, 실제 수확고로 계산하면 생산량의 40퍼센트 전후가 일반적이었다. 그 후 생산량이 높아짐에 따라 18세기 후반에는 지역에 따라서는 수확량의 18퍼센트 정도를 조세로 내는 곳도 있었다. 이 밖에 산이나 들, 하천의 수익에 부과되는 세, 마을의 생산량에 따라 부가되는 세, 도로와 용

수 공사에 동원되는 노역 등이 있었다. 막부나 여러 번은 혼하쿠쇼가 도망가거나 몰락하여 세금을 내지 않을까봐 염려했다. 그래서 그들은 세금 수입을 유지하기 위해 논밭을 영구히 매매하는 것을 금지하는 법령이나, 일정 생산량 이하일 경우에는 분할상속을 금지하는 법령을 내렸다.

막부나 번은 마을 사람들을 다섯 집씩 묶어서 고닌쿠미(五人組)로 편성하고, 조세 납입이나 범죄 방지를 위해 연대책임을 지도록 했다. 16세기 말에 급속히 퍼진 그리스도교는 에도시대에는 금지되었고, 심한 탄압을 받았다. 사람들은 모두 불교 사원의 신도로 등록함으로써 그리스도교도가 아니라는 것을 증명했다. 그리고 사원은 장례도 주관하였다. 사람들의 이동을 통제했고, 여행을 할 때도 통행증이 필요했다.

한편 마을 백성들은 촌역인을 중심으로 비용을 공동으로 부담하고, 마을 규약을 정했다. 그리고 그 규약을 근거로 공유지의 공동 이용, 용수의 관리, 치안이나 방재 등의 활동을 하고 촌락을 유지했다. 모내기, 벼베기, 지붕갈이, 우물갈이 등에는 무상으로 노동력을 제공하면서 서로 협력했다. 마을 사람들은 규약을 어기면 교제를 거부당하는 등 제재를 받았다. 막번 영주는 마을 자치를 촌역인에게 맡기고 마을 단위로 조세 등을 걷어들였다.

농민들의 의식주

전국시대까지 농민의 의복은 삼베가 일반적이었다. 에도시대가 되자 목화가 각지에서 재배되면서 목면이 급속히 보급되었다. 비단옷 착용은 금지되었다. 의생활의 중심이 된 목면은 착용감이 좋고 튼튼하고 보온력이 뛰어났으며 쉽게 염색할 수 있었다. 남녀 모두 활동하기 쉬운 통소매 옷을 입었다.

식사는 관습적으로 하루 두 끼만 먹었다. 17세기가 되면서 일반 농민도 하루 세 끼 식사를 하기 시작해, 18세기경에는 하루 세 끼 식사가 정착되었다. 이 외에 밤에 일을 할 경우에는 야식을 먹기도 하고, 일을 많이 할 때는 간식도 먹었다. 대개 주식이 쌀인 경우는 드물었고, 정월이나 모내기, 벼베기 등 특별한 날만 쌀밥을 먹었다. 쌀은 세금으로 내야 했다. 논밭이 절반 정도이고 주식이 쌀인 지역에서도 특별한 날을 제외하고는 보리, 밤, 피와 같은 잡곡을 섞어 먹고, 잡곡에 야채류를 섞어서 밥을 지어 먹었다. 밭농사 위주인 지역에서는 주로 잡곡을 먹거나, 잡곡에 야채를 섞은 밥을 지어 먹었다. 특별한 날에는 밀을 원료로 한 우동을 먹었다. 이런 주식 외에 국, 야채, 생선 요리 등 반찬이 한두 가지 있었다. 일반적으로 육류는 부정한 음식물이라고 간주해서 먹지 않았다. 젓가락과 일상 식기는 대부분 나무로 만들었다.

그러면 주거 생활은 어땠을까. 사람들은 새 이엉이나 짚을 이은 집에서 살았다. 상층 농민은 20평(1평은 약 3.3평방미터) 정도였고, 혼하쿠쇼는 10여 평 정도, 하층 농민인 경우에는 3~4평 정도였다. 17세기경까지는 땅속에 기둥을 묻고 집을 지었는데, 땅속에 기둥을 묻을 경우 기둥이 썩어서 오래 살 수는 없었다. 17세기 이후부터는 기초석 위에 기둥을 세우고 집을 짓게 되어 기둥이 오랫동안 견딜 수 있었고, 오랫동안 그 집에서 살 수 있었다. 다다미방은 상층 농민의 집에만 있었고, 하층 농민의 집에는 없었다. 마루방이 일반적이었고 방의 배치는 '밭 전(田)' 자 형이 많

았다. 집안으로 들어서면 농사일을 할 수 있는 공간으로 봉당(土間)이 있고, 거기를 지나면 방이 있었다. 방은 생활의 중심 영역으로, 그곳에는 이로리가 있었다._{자료 3} 이로리는 마루를 사방 1미터 정도의 사각형으로 파서, 그 안에 불을 피울 수 있게 한 것이다. 이 불은 난방과 취사와 조명에 쓰였다. 가족들은 이로리 둘레에서 식사를 하거나 휴식을 취하면서 단란한 시간을 보내거나 밤에 일을 했으며, 손님을 접대하기도 했다. 이로리는 가정생활의 중심이 되었으며 이로리의 불은 절대 꺼지지 않도록 그 집의 주부가 관리했다. 이로리에 앉는 위치도 가족의 구성원마다 달랐으며 엄중하게 그 원칙을 지켰다. 방 안의 한쪽 구석에서 봉당을 바라보고 앉는 자리가 집주인의 자리로, 거기에는 깔자리 한 장이 놓여 있었다.

벼농사는 어떻게 했을까

마을 사람들은 자연의 변화에 맞추어 농사를 지었다. 벼농사의 모습을 그 당시의 농업에 관련된 책에 그려진 그림자료 4으로 살펴보자.

　새해 들어 처음 하는 작업은 이른 봄에 굳어진 논을 가는 일이었다. 그때 일반적인 괭이와 함께 갈퀴가 세 개인 괭이를 사용하고 있다는 것을 알 수 있다.(① 참고) 그런 후에 논에 물을 대고, 베어낸 풀 따위의 비료를 넣어 흙을 잘게 부수었다. 이때 모판에 볍씨를 뿌리는 일도 했다. 30일 정도 지나면 모판의 모를 내어 ②처럼 공동으로 모내기를 했다. 벼농사는 물 대기가 중요했다. 수리 시설이 불편한 곳에서는 두 사람이 물통을 이용해 조금 높은 곳의 논에 물을 퍼 올리기도 했다. ③의 그림을 보면 알 수 있듯이 물통이 왔다갔다 하는 곳에는 거적을 깔아 논두렁을 보호했다. 한여름에 거름 주기와 제초 작업, 병충해를 없애는 일은 무엇보다 중요했다. 해충 방제를 위해 ④처럼 벼에 기름을 뿌리기도 했다. 이런 노동을 하고 나면 드디어 수확의 가을을 맞았다. ⑤처럼 벼를 베고, 건조용 틀에서 말린 후 탈곡을 했다. 원래는 두 개의 대나무 사이에 벼이삭을 집어넣어 훑어서 탈곡했지만, 17세기 말경부터는 ⑥과 같은 철제로 된 톱니같이 생긴 곳에 벼이삭을 넣어서 탈곡하게 되어 작업의 효율이 올랐다. 이렇게 탈곡한 벼를 더 말려서 쌀가마니에 담아(1가마니는 약 60킬로그램) 그 일부를 세금으로 내고 신년을 맞았다.

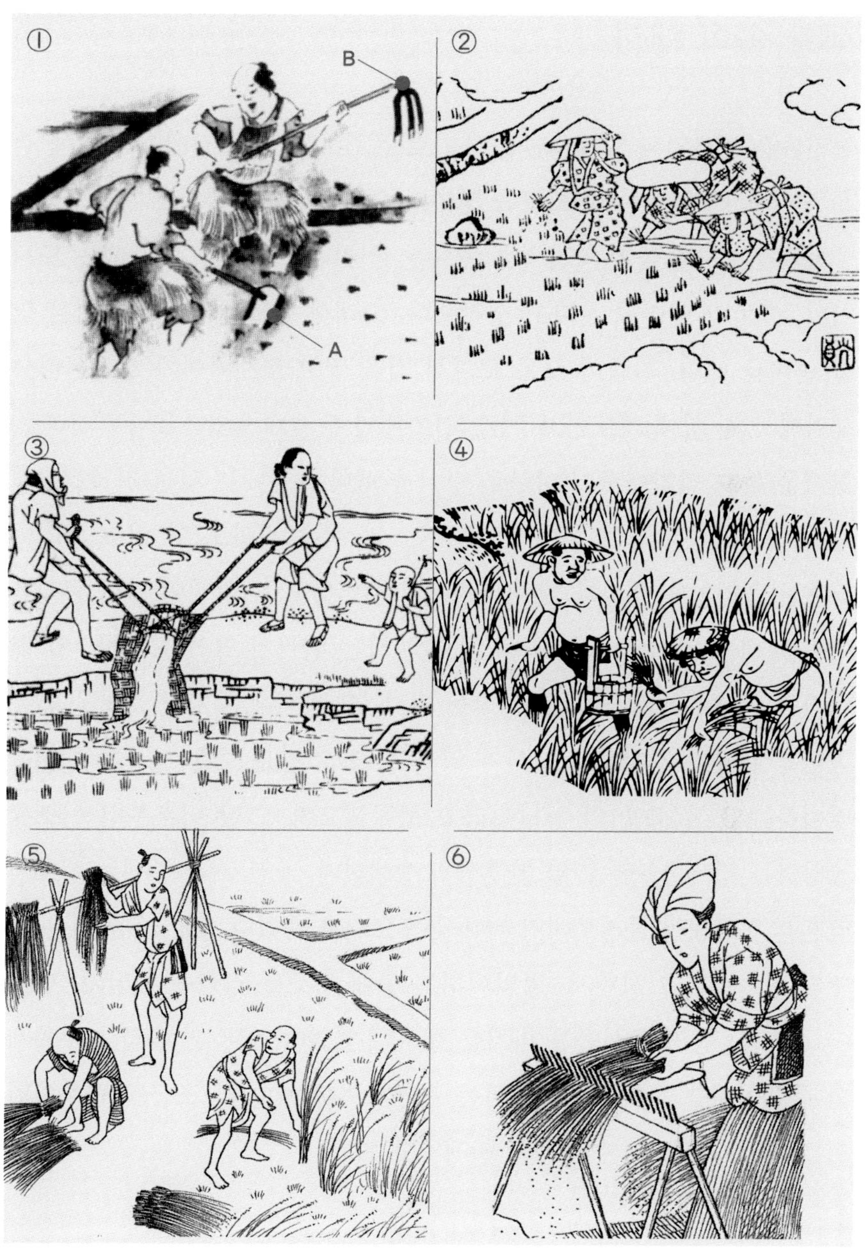

● **자료 4. 사계절 농사일**(① 논 갈기 ② 모내기 ③ 물 대기 ④ 병충해 퇴치 ⑤ 벼베기와 말리기 ⑥ 탈곡)

생활 속의 행사

농민들은 농사일과 함께 1년을 주기로 음력으로 매해 정해진 시기에 같은 행사를 반복했다. 그 모습을 당시의 그림_{자료 5}에서 살펴보자.

농민들은 수확을 마치면 1년 농사를 끝냈다고 생각했다. 새해는 도시가미(年神)가 데리고 온다고 생각했다. 그래서 연말에는 도시가미를 맞을 준비를 했다. 가족이 모두 모여서 떡을 찧고 도시가미가 강림한다고 생각해서 집 앞에 가도마쓰(門松, 정초에 집 문 앞에 놓았던 소나무 장식물) 장식을 하고 집안에도 소나무로 장식을 했다. 2월에는 입춘 전날인 3일경 콩을 집안에 뿌리면서 "귀신은 밖으로, 복은 집안으로" 하고 외치며 악귀를 물리치는 행사를 했다. 5월 5일에는 창포 등의 향이 강한 풀잎을 처마 밑에 매달아 병에 걸리지 않도록 하는 행사가 있었다. 7월 7일 칠석에는 대나무의 큰 잎으로 장식을 하고, 그 장식에 자기의 소망을 적은 종이를 매달아 기원하는 행사가 있었다. 또 그날은 죽은 조상들의 혼을 맞이하는 오본(御盆)의 첫날이라고 생각했으며, 그날 이후부터 선조를 공양하는 행사가 7월 15일 전후까지 행해졌다. 오본 기간 중에는 선조의 영혼을 위로해서 돌려보내기 위해 본오도리를 추었다. 8월 15일 밤은 중추의 명월이라고 하면서, 달맞이하는 곳에 억새풀 장식을 매달고, 단고(동그란 떡) 등의 음식물을 바치는 행사가 있었다. 이것은 밭작물 수확제의 풍습이라고 한다. 이런 행사는 시대가 변함에 따라 조금씩 변화하면서 오늘날까지도 일본에 계속 전해지고 있다.

● **자료 5.** 일상생활 속에서 반복된 행사(① 떡방아찧기 ② 가도마쓰 ③ 세쓰분 ④ 단오절 ⑤ 칠석 ⑥ 본오도리 ⑦ 달맞이)

마을의 짐승

마을에는 사람과 같이 사는 짐승이 있었다. 동일본의 마을에서는 말을 키웠으며, 변소 한쪽에 외양간을 만들어 가족처럼 생각했다. 말은 운반 수단으로 사용하거나 퇴비를 얻으려고 사육하는 것이 일반적이었는데, 근세 후기가 되면서 논을 일구는 작업에 말을 이용하는 경우도 늘어났다. 긴키 지방 등 서일본에서는 소를 키우면서 쇠두엄을 걷고 농경 작업에 이용했다. 동쪽 지방에서는 말을, 서쪽 지방에서는 소를 키우는 차이는 있지만, 사실 소와 말을 소유할 수 있는 사람들은 상층 농민들뿐이었다. 소와 말의 머릿수는 마을의 논밭 면적, 호수, 사람 수와 같이 기록되어 막부나 번에 보고되었다.

닭은 모든 집에서 길렀다. 닭은 소나 말과는 달리 조세의 대상이 되지 않아 막부에 보고하지 않았다. 사람들은 소나 말 대신 닭고기를 즐겨먹었고, 영양가 높은 계란을 귀하게 여겼다. 또한 시계가 보급되지 않았던 에도시대에 새벽녘의 닭 울음소리는 시계 대신 시간을 알려주는 중요한 역할을 했다. 쥐를 쫓기 위해 고양이도 사육했고, 개도 키웠다. 개는 집을 지키거나 애완용 역할을 했다. 동일본의 마을에서는 개인 농가에서 개를 사육했지만, 긴키 지방 등에서는 마을에서 개를 공동 사육하는 경우도 있었다. 개고기를 먹기도 했는데, 17세기 후반부터 18세기 전반에 걸쳐 동물 애호 법령이 내려졌고, 그 중에서도 특히 개를 소중하게 여기라는 명령이 있어서 개고기는 그 이후 먹지 않게 되었다.

에도시대의 농민들은 이와 같은 생활을 했다. 에도시대에는 소나 말을 이용하는 농업도 행해졌지만 기본적으로는 괭이를 이용한 농업이었다. 한삽 한삽 힘을 기울여 땅을 일구는 경작이 농민 노동의 특징이었다.

탈춤과 민화가 말해주는
조선시대 모습

17세기 이후 조선은 상품 화폐 경제가 발전하면서 새로운 문화가 나타났다. 그 가운데 대표적인 것이 탈춤과 민화였다. 과연 탈춤과 민화는 이전 시대의 문화와 어떤 점이 달랐을까?

역동하는 상인과 시장

조선시대에는 농업이 가장 중요한 산업이었다. 부자가 되기 위해서는 우선 땅을 많이 갖고 있어야 했다. 쌀 1000가마를 거두는 땅을 가진 천석꾼과 1만 가마를 거두는 땅을 가진 만석꾼이 부자를 상징하는 말이었음이 이를 잘 보여준다. 그런데 17세기부터 상인과 수공업자 가운데 큰돈을 버는 사람들이 늘어났다. 교환 경제가 발달하고 전국적인 유통망이 형성되면서 교통 요지와 포구 등지에 큰 시장이 들어섰다. 한성 상인들은 한강을 이용하여 전국에서 쌀, 소금, 어물 등 생필품을 가져와 큰돈을 벌었다. 개성을 비롯하여 평양, 의주, 동래 등 지방 상인들도 한성 상인

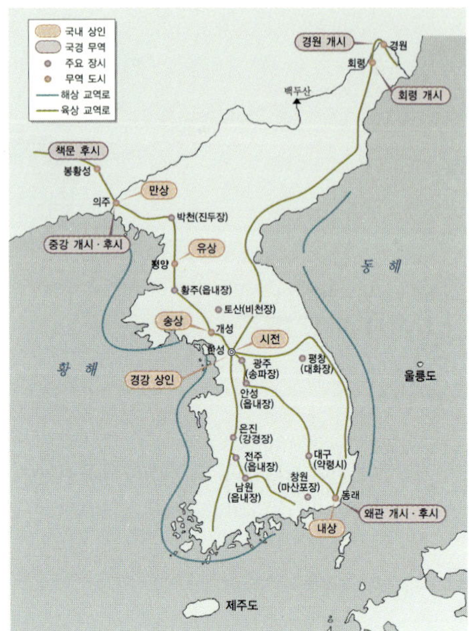

● 자료 1. 17세기 이후 조선 상업과 대외무역

못지않은 수완을 자랑하였다. 포구와 장시에서는 창고업, 숙박업, 위탁판매업 등을 하는 상인들도 활발히 활동했다.

국제 무역도 발달하였다. 의주 상인들은 청에 은, 종이, 무명, 인삼 등을 팔고 비단, 약재, 문방구 등을 들여왔다. 동래 상인들은 일본에 인삼, 쌀, 무명 등을 팔고 은, 구리, 황, 후추 등을 샀다. 가장 중요한 수출 상품은 단연 인삼이었기 때문에 인삼 재배에 성공한 개성 상인들은 큰돈을 벌었다. 이른바 고려 인삼이 중국, 일본에 널리 알려진 것도 이때부터였다. 일본에서 들여온 은을 청에 되파는 중계무역도 상인들에게 짭짤한 수익을 올려주었다.

당시 정치 중심지인 한성은 가장 큰 소비 도시이기도 하였다. 당연히 돈을 벌고 싶은 사람들은 한성으로 몰려들었다. 상인과 농민 들이 각종 농산물과 수공업 제품을 들고 한성으로 몰려들자 한성으로 들어가는 길목에는 큰 시장이 여럿 생겨났다. 이들 시장 간에 한성 근교의 상권을 놓고 경쟁이 벌어졌다. 이들 시장의 상인들은 좀 더 많은 손님을 끌어모으기 위해 다양한 공연을 벌였는데, 탈춤도 그 가운데 하나였다.

● **자료 2.** 국제 무역이 활발했던 부산포 초량왜관

● **자료 3** 조선시대의 시장 풍경.

시장의 흥을 돋우는 탈춤

17세기 이후 조선의 상업 도시 곳곳에서는 길거리 공연이 벌어졌다. 길거리 공연이 벌어지면 많은 사람들이 모이고, 그러면 시장은 장사가 잘되었기 때문이다. 당연히 시장 상인들은 길거리 공연을 적극적으로 후원하였다. 씨름판이 벌어졌고, 굿판도 벌어졌다. 특히 굿은 무당이 신에게 제물을 바치고 노래와 춤으로 인간의 운명을 조절해 달라고 비는 의식이라 각별한 재미가 있었다. 그 가운데 가장 인기 있는 공연은 탈춤이었다.

탈춤은 탈을 쓰고 춤을 추면서 공연하는 놀이다. 탈, 춤, 연극의 세 가

● **자료 4** 탈은 인물의 성격을 강조하고 해학적으로 표현하였다. ①과 ②는 서울 송파 지방과 황해도 봉산 지방 탈춤에 사용된 파계승의 탈이고 ③은 부산 동래 지방 탈춤에 사용된 양반의 노비인 말뚝이 탈, ④는 하회 지방 탈춤에 사용된 양반탈이다.

지 요소 중에서 탈과 춤을 강조하여 탈춤이라 부르지만, 연극적 요소를 강조하는 경우에는 가면극이라 부르기도 한다.

탈춤은 농촌의 마을 제사에서 비롯되었다. 농촌 마을에서 해마다 풍년을 기원하는 제사를 올렸는데, 여기에 마을신을 상징하는 탈을 쓴 사람들이 등장하였다. 이 제사에서는 굿을 올리면서 악기를 연주하기도 하였다. 남부 지방인 안동의 하회 탈춤이 농촌 탈춤의 대표적인 예이다.

탈춤은 궁궐 행사의 공연을 맡은 전문 연예인 집단과 지방을 찾아다니며 공연을 하는 직업적인 전문 남자 연예인 집단에서도 공연되었다. 이들의 주요 공연 종목은 탈춤 이외에도 악기를 이용한 음악 연주, 접시 돌리기, 줄타기, 꼭두각시놀음 등이었다. 17세기 이후 상업이 발달하고 상업 도시가 생겨나자, 그 도시의 상인과 지방 관청의 행사를 담당한 토착 관리들은 탈춤을 발전시켰다. 상업 도시에서 공연되는 탈춤은 전문 연예인 집단의 탈춤에서 많은 영향을 받았다.

황해도 봉산은 한성에서 평양으로 가는 육상 교통의 중심지에 자리 잡고 있었다. 이 때문에 봉산 시장은 전국에서도 손꼽히는 시장으로 발전하여 한창 때는 2만 명이 넘는 사람이 모여들었다고 한다. 이 봉산 시장에서 공연되었던 유명한 탈춤이 바로 봉산 탈춤이다. 봉산 탈춤은 명절이나 지방 축제 때, 그리고 지방 수령의 생일이나 부임하는 날, 외국 사신을 영접할 때, 탈춤 대회가 있을 때도 공연되었다. 그럼, 탈춤이 사람들에게 인기있었던 이유를 이 봉산 탈춤에서 찾아보자.

말뚝이가 꿈꾸는 세상

봉산 탈춤에서 가장 인기를 끈 것은 6막이다. 6막에는 양반과 말뚝이가 등장한다. 여기 등장하는 양반은 원래는 양반이 아니었다가 갑자기 돈을 벌어 양반 신분을 산 얼치기 양반이다. 말뚝이는 이 양반을 따라다니는 노비이다. 이 말뚝이가 그 얼치기 양반을 갖고 논다. 비록 얼치기 양반이라고는 해도 노비가 양반을 놀린다는 설정은 양반 중심의 신분제 사회였던 조선의 새로운 시대 변화를 담은 것이었다.

말뚝이 (가운데로 나와서) 쉬~. (음악과 춤이 그친다. 큰소리로) 양반 나오신
다. 양반이라고 하니까, 조선시대 (중간 생략) 고위 관직을 다 지내
고 물러나 있는 벼슬아치 양반을 생각하지 마십시오. 개잘양의 '양'
자와, 개다리소반의 '반'자를 따서 쓰는, 양반이 나오신단 말이오.

양반들 야, 이놈 뭐야.

말뚝이 아~, 이 양반들 어찌 듣소. 고위 관직을 지내다가 물러나 계시는
이 생원(관리 후보자)님네 삼형제분이 나오신다고 그리하였소.

양반들 (다같이) 이 생원이라네~.(굿거리 장단에 맞추어 모두 같이 춤춘다.)

'양반'이라는 말이 '개잘양의 양자에 개다리소반의 반자'로 이루어졌
다는 것은 '양반＝개'라는 의미를 담아 양반을 조롱한 것이다. 개가죽을
방석처럼 쓰기 위해 만든 개잘양이나, 발이 개다리처럼 생긴 개다리소반
은 양반과는 아무 상관이 없는 물건이다. 오직 '개'라는 말을 '양반'에다

가져다 붙이기 위해서 그 두 단어를 이용했을 따름이다.

내용을 살펴보면, ㉠처럼 양반의 위엄을 파괴하는 말뚝이의 희롱이 먼저 등장한다. 이때 양반은 ㉡처럼 말뚝이를 꾸짖으며 호령한다. ㉢은 형식적으로 복종하는 말뚝이의 변명이다. ㉣은 변명을 듣고 납득한 양반이 안심하는 모습이다. 양반은 말뚝이가 놀리고 있다는 상황 판단도 못하고 그저 말뚝이의 변명을 곧이곧대로 믿어서, 더욱 우스꽝스럽고 풍자의 효과는 커진다. 봉산 탈춤의 6막은 ㉠~㉣과 같은 방식으로 짜인 단락을 여러 번 반복하며 진행된다.

탈춤놀이의 주인공인 말뚝이는 양반을 따라다니는 노비지만, 양반을 호되게 비판하고 그들의 추악한 모습을 낱낱이 고발한다. 이 고발과 풍자는 양반의 재산으로 취급받던 노비뿐만 아니라, 양반들의 특권에 불만을 품고 있던 몰락 양반, 중인, 농민, 상인, 수공업자 등 서민에게도 통쾌한 웃음을 선사해 주지 않았을까? 말뚝이를 보며 그동안 쌓인 스트레스를 날려보내지 않았을까?

무서운 호랑이와 귀여운 호랑이

이런 시대 변화는 그림에서도 나타났다. 우선 자료 6을 살펴보자. 그림 속의 호랑이는 슬금슬금 걷다가 무언가를 의식하고 갑자기 정면을 향해 머리를 돌린 순간을 포착하여 그린 것이다. 세밀하게 그려진 터럭과 자연스러운 얼룩무늬는 호랑이를 마치 살아 있는 것처럼 보이게 한다. 높이 솟아오른 굽은 허리가 그림 정중앙을 꽉 채우면서 산중의 왕다운 위

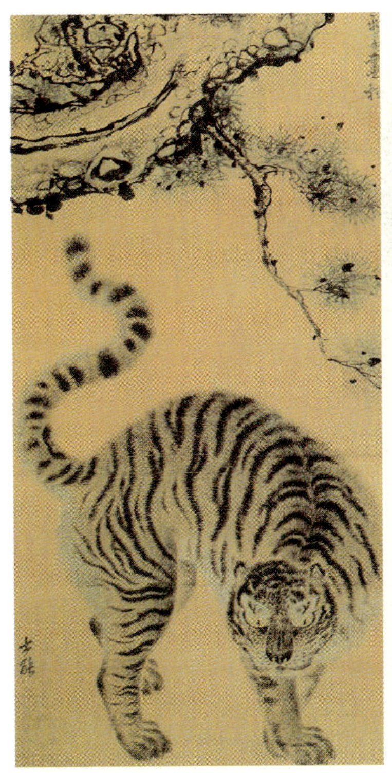

● **자료 6.** 김홍도의 「송하맹호도」

● **자료 7.** 민화 「까치와 호랑이」

엄을 느끼게 한다. 반면 자료 7의 호랑이는 눈이 사팔뜨기이고 호랑이답지 않게 점박이 무늬도 있다. 발은 식빵처럼 생겼는데, 발톱은 보이지 않고 꼬랑지는 두 발 사이로 끼운 채 깔고 앉았다. 산중의 왕다운 무서운 호랑이가 아니라 장난기 넘치는 귀여운 고양이 같다.

자료 6은 국가의 행사와 관련된 기록화를 주로 그리던 왕실 소속 전문 직업 화가인 김홍도가 그린 것이다. 가격은 정확히 알 수 없으나 김홍도가 그린 그림은 보통 3000전이 넘었다. 이때 쌀 한 가마니(약 70킬로그램) 값이 50전 정도였으니 보통 사람들은 엄두도 못 낼 가격이었을 것이다.

호랑이 그림은 보통 왕실이나 양반이 해가 바뀌면 재앙을 물리치고 복을 빌기 위해 구입했던 그림이었다. 탈춤을 보며 스트레스를 날리던 서민들도 이제 특권 양반들처럼 호랑이 그림을 집에 걸고 싶었을 것이다. 하지만 3000전이 넘는 자료 6과 같은 그림을 걸 수는 없었다. 이들이 주로 건 것은 자료 7과 같은 그림이었다. 자료 7의 가격은 정확히 알 수는 없지만 아마도 자료 6과 비교하면 하늘과 땅 차이였을 것이다.

잡화와 민화

전문 직업 화가들이 개인적으로 그림을 그리는 일이 보편적으로 이루어진 것은 양반층에서 그림에 대한 수요가 많아지기 시작하는 18세기에 이르러서였다. 이 시기에는 전문 화가와 양반 화가의 작품 활동도 활발하였지만 민간에서도 잡화라 불린 민화가 유행하였다. 생활공간을 장식하는 그림인 민화는 19세기에 특히 유행하였다. 이 시기에 민화가 유행하게 된 이유는 18세기 이후 중국에서 대량으로 들어온 집안 장식용 그림의 영향도 있지만, 집안을 장식할 만한 경제력을 갖춘 서민들이 많아졌기 때문이다.

양반들은 서민들이 주로 구입한 자료 7과 같은 민화를 잡다하고 저속한 그림이라는 뜻으로 잡화(雜畵) 또는 속화(俗畵)라고 불렀다. 잡화는 직업 화가가 아닌 아마추어 화가가 그렸다. 아마추어 화가는 대부분 그림 공부를 제대로 하지 못한 사람들이었으며 생활도 안정되지 못했다.

잡화는 불특정 다수에게 대규모로 소비되는 장식용 그림이었기 때문

● 자료 8. 「십장생도」

에 화가의 개성과 독창성이 요구되지는 않았다. 그렇기에 잡화에는 화가가 글씨나 그림을 완성한 뒤 작품에 자신의 이름을 쓰고 도장을 찍는 서명과 낙관이 거의 없다.

잡화를 처음으로 주목한 사람은 야나기 무네요시라는 일본인이다. 그는 일본이 한국을 식민 지배하던 20세기 초에 한국 미술에 깊은 애정을 기울이며 이를 깊이 연구하였다. 그는 잡화를 '민중에서 태어나 민중을 위해 그려지고 민중에 의해 그려진 그림'이라는 의미로 민화라고 불렀다.

민화는 일상생활과 밀접한 것들을 소재로 형식에 얽매이지 않고 자유분방하게 그려졌다. 민화는 생활공간을 장식하기 위한 것이었기 때문에 문이나 벽, 가구 장식 그림으로, 특히 병풍에 많이 사용되었다. 병풍은 바람을 막아 주고 방 안을 장식하는 도구일 뿐만 아니라 집안 행사(장례, 회갑, 결혼 등) 때 꼭 필요한 물건이었다. 이러한 병풍은 주로 값이 비쌌

● 자료 9. 「책가도」

으므로, 마을에서는 공동 소유로 구입하여 행사 때마다 돌려가며 사용하기도 했다.

병풍의 그림은 병풍을 칠 장소에 알맞은 소재가 선택되었다. 자료 8과 같은 「십장생도」는 장수를 기원하는 마음으로 나이 많은 어른들의 방에, 자료 9의 「책가도」는 공부도 하고 손님도 맞는 방인 사랑방에 많이 쳤을 것이다. 「책가도」란 책을 중심으로 이와 관련된 문방구나 물건들을 그린 그림인데, 중국에서 들어온 서양화 기법인 원근법이나 입체주의 기법 등이 사용되기도 하였다.

양반 등 상류층들도 집안 장식용으로 민화를 구입하였는데, 이들이 구입한 그림은 주로 전문 직업 화가들이 제작한 값비싼 것이었다. 새롭게 부를 축적한 서민들이 구입하는 민화는 아마추어 화가나 떠돌이 화가가 제작하거나, 대량 생산하여 병풍 가게나 종이 가게를 통해 공급된 것들이었다.

18세기 이후 탈춤과 민화와 같은 서민 문화가 등장할 수 있었던 것은 경제력 향상과 교육의 보급으로 서민들의 의식이 성장하고 사회적 지위도 점차 높아졌기 때문이다. 그러나 서민들은 경제적인 성공에 비례하는 신분적인 상승을 이루지 못하였고, 신분적인 상승을 하였다고 하더라도 만족할 만큼의 사회적 대우를 받지 못했다. 집안을 민화로 장식하고 양반을 풍자하는 탈춤 공연을 보면서 서민들은 어떤 생각을 하였을까? 양반이 된 듯한 착각에 빠졌을까? 양반이 없는 사회를 꿈꾸었을까?

가부키와 우키요에가 말해주는 에도시대 모습

에도시대, 에도와 오사카에 살던 서민들은 가부키와 우키요에를 비롯해 다양한 문화를 만들어냈다. 가부키와 우키요에는 어떻게 발생했으며, 당시 사람들에게 인기가 있었던 이유는 무엇일까?

에도에는 어떤 사람들이 살았을까?

자료 1은 에도 니혼바시 부근을 묘사한 두루마리 그림의 한 장면이다. 그림 왼쪽 중앙에 놓인 큰 다리가 니혼바시다. 이 다리는 에도에서 일본 각지로 연결되는 다섯 개의 간선도로가 시작되는 곳이며, 당시 이 다리 부근이 에도의 중심가였다.

강변에는 쌀가마나 목재를 싣고 온 배가 나란히 정박해 있고, 다리의 오른쪽 아래 어시장에서는 많은 사람들이 생선을 사고판다. 그 뒤에 큰 상점이 늘어서 있다. 그리고 다양한 옷차림을 한 쵸닌이나 무사들이 니혼바시를 왕래하고 있다. 에도에는 어떤 사람들이 살았을까?

● **자료 1.** 17세기 초 일본의 니혼바시 부근을 묘사한 병풍 그림

1590년 도쿠가와 이에야스는 도요토미 히데요시에게 영지인 관동 지방을 받았다. 이에야스는 에도를 지배의 중심지로 정하고, 풍수 사상을 바탕으로 죠카마치를 조성하기 시작했다. 그는 에도 만(도쿄 만) 어귀의 얕은 바다를 메워 강의 흐름을 바꾸고, 직선 도로를 건설하는 등 자연 지형을 크게 바꾸어 에도에 상수도를 끌어들였다. 그리고 에도 지역을 무사가 사는 마을, 사원이나 신사가 있는 곳, 쵸닌 마을 등 세 구역으로 나누었다. 1721년 막부가 실시한 전국 조사에 따르면, 에도의 총인구는 100만 명을 넘었다. 그 당시 유럽 최대 도시인 런던 인구가 약 50만 명, 조선 한성의 인구가 19만 명이었다.

에도 인구의 절반은 무사였다. 무사가 사는 마을에는 장군가의 직속

신하인 하타모토가 사는 저택이나 전국 각지에서 온 다이묘들이 사는 저택을 지었고, 주변에는 가신단이나 부하의 주택을 배치했다.

나머지 인구의 약 반은 쵸닌으로 불리던 상인과 수공업자였다. 도시 계획 초기에 막부는 쵸닌들이 반듯하게 구획된 마을에서 살게 하려고 토지를 무료로 지급했다. 막부는 쵸닌을 직업별로 같은 장소에 모여 살도록 했기 때문에, 에도에는 직인 마을, 운송업자들이 모여 사는 마을, 전국 각지 상점의 지점들이 모인 상인 마을 등이 형성되었다.

그러나 에도 주변에서 유입해 오는 인구가 점차 증가하면서 이들을 흡수할 목적으로, 부유한 쵸닌들은 쵸닌 마을의 뒤쪽에 '나가야'라는 임대 주택을 만들었다. 집의 크기는 3평 정도로 방 하나에 우물과 변소는 공동으로 사용했다. 임대주택에는 날품팔이나 행상인 등 영세 상인과 노상이나 극장에서 재주를 보여주는 예인 등 도시의 하층 노동자나 일자리를 잃은 무사들이 살았다.

에도로 이어지는 지방 도시와 촌락

에도시대 일본에서는 각지의 촌락과 크고 작은 도시들 사이에 상품과 화폐가 유통되었는데, 이러한 흐름은 나중에 전국적 차원으로 확산되었다.

에도는 일본 열도를 이어주는 5개의 간선도로와 여기서 갈라져 나온 크고 작은 도로들, 태평양 연안과 일본 서해안 연안의 배편을 통해 전국의 크고 작은 도시들과 마을로 연결되었다.

에도에 모인 것은 물자만이 아니었다. 주변 농촌에서 허드렛일을 하는 젊은이들이 모여들어 일정 기간 일을 한 다음에 고향으로 돌아가기도 했다. 또 날품팔이로 몰락한 자영농이나 호적을 갖지 못한 사람들이 에도로 흘러들었다.

에도시대 중기 이후 서민들 사이에는 신사와 사원을 참배하는 여행이 유행했다. 그 대표적인 예가 이세 신사 참배이다. 백성이나 쵸닌들도 성지 순례와 관광 여행을 할 수 있게 되면서 전국 각지를 왕래하는 사람들이 늘었다. 지방 사람들에게 에도는 선망의 도시였다. 에도에서 가부키를 구경하고, 우키요에를 선물로 사서 고향으로 돌아간 사람들이 많았다. 이처럼 사람들은 에도와 전국 각 지역을 오가며 물자를 유통시켰다.

쵸닌과 무사의 인기를 얻은 가부키

일본 교과서에는 가부키의 시초에 대해 "1603년 에도막부가 세워진 해에 이즈모노 오쿠니라는 여성이 교토의 고조가와라에서 공연한 춤이 가부키의 시작이다"라고 쓰여 있다. 자료 2는 그것을 묘사한 병풍 그림인데, 무대 중앙에 서 있는 여자가 바로 이즈모노 오쿠니다. 금으로 만든 칼을 차고 화려한 비단옷을 입었으며 허리에는 금 표주박을 매달고 있다. 이즈모노 오쿠니는 이처럼 이상한 옷차림의 남자('가부키모노'라고 부른다)로 분장하고, 유녀와 희롱하는 연기를 선보였다.

가부키모노는 어떤 사람이었을까? 전쟁이 끝난 그 즈음, 교토와 에도에는 할 일이 없는 무사들이 많이 모여 있었다. 이들은 별난 머리 모양에 눈에 뜨이는 의상을 하고 무리를 지어 거리를 다니면서 불법 행위를

● **자료 2.** 가부키의 창시자 이즈모노 오쿠니

일삼았는데, 당시 그런 사람들을 가부키모노라고 불렀다. 오쿠니는 이런 남자들의 모습을 흉내 내며 무대에 등장했던 것이다.

이처럼 가부키모노를 흉내 내며 연기한 오쿠니 극단의 춤을 '가부키 오도리'라고 했는데, 사람들 사이에서 폭발적인 인기를 끌었다. 때로는 무대의 배우와 열광한 관객이 하나가 되어 원을 만들어 춤을 추기도 했다. 이런 가부키 오도리의 시작은 후류(風流) 오도리였다. 후류 오도리는 오랫동안 계속되었던 전쟁에서 억울하게 죽은 사람들의 혼을 위로하기 위해 행사에 참가한 사람들이 원을 만들어 춤을 추었던 것을 말한다.

가부키 오도리의 인기가 사그러들자, 젊은 여자가 춤추는 가부키가 등장했다. 막부는 이것을 풍속을 문란하게 한다는 이유로 금지했다. 그 후

어리고 용모가 빼어난 소년이 추는 '와카슈 오도리'가 생겨났는데, 막부는 이마저 금지했다. 천하를 평정한 에도막부는 무질서하고 반사회적인 성향을 가진 가부키모노와 가부키 오도리를 탄압했다.

얼마 후 막부는 성인 남자가 연기하고 선정적인 춤을 추지 않는다는 조건으로 가부키 오도리의 공연을 허용했다. 이런 과정을 통해서 가부키는 이전의 형태와는 달리 일정한 줄거리를 가진 이야기를 공연하게 되었고, 연극적 요소가 강한 종합 예술로 변해 갔다. 가부키는 샤미센이나 다이코 등의 반주와 노래에 맞추어서 추는 춤과 배우의 대사로 등장인물의 심리를 표현했다. 이렇게 시작된 가부키는 17세기 말에는 막부의 허락을 받아 에도나 오사카의 가부키 극장에서 정기적으로 공연을 했다.

자료 3은 '소가모노'의 하나인 「시바라쿠」의 한 장면을 연기하는 배우를 그린 우키요에이다. 주인공 소가 고타로는 무대 아래 가운데에서 포즈를 취하고 있다. 주인공 소가는 정의와 분노를 나타내기 위해 얼굴을 붉은색으로 화장했다. 소가는 과장된 가부키모노의 복장을 걸치고, 얼굴을 검게 분장한 악인들을 물리치려 한다. 가부키는 원래 야외 가설무대에서 공연했는데 차츰 실내 극장에서 상연하게 되었다. 그러면서 조명이나 무대 장치, 화장, 의상 등도 함께 발전되어 가면서 화려한 무대극으로 발전했다.

소가모노, 가부키가 그린 세계

에도의 모든 극장은 정월에 '소가모노'라는 가부키를 공연한다.

소가모노는 소가 형제가 원수를 갚는다는 내용으로, 가마쿠라시대의 실제 사건을 토대로 만들어진 이야기다. 영지 분쟁으로 아버지가 살해당한 무사 소가 쥬로와 고타로 형제는, 18년 후에 미나모토노 요리토모(原賴朝)의 중신이 된 아버지의 원수를 가마쿠라 막부의 행사장에서 죽인다. 이 일로 형은 그곳에서 바로 죽고 동생은 잡혀서 참수를 당한다. 실제로 벌어진 이 사건은 여성 유랑 배우를 통해 전국에 퍼져 갔다.

일본인들은 한 사람이 억울하게 죽으면 그의 영혼이 신이 되어 나타나 사람들에게 재앙을 가져온다고 생각했다. 그 재앙을 막기 위해 죽은 영혼을 위로하는 신앙이 있었다.

에도의 가부키에서는 동생 고타로를 주인공으로 매우 난폭한 악인(아버지의 원수)을 타도하는 내용의 연극을 만들었다. 소가모노는 이야기 전개보다는 고타로를 연기하는 인기 배우의 연기가 중요했기 때문에, 이야기는 다양하게 변형되었으며 등장인물도 창작되었다. 이렇게 해서 올려진 연극을 총칭해서 소가모노라고 하는데, 에도시대 200여 년간 300개의 대본이 만들어졌다고 한다. 에도의 쵸닌들은 그만큼 이 연극을 사랑했다.

우키요에는 왜 인기가 있었을까?

자료 4의 우키요에는 매달 에도 가부키 극장에서 상연하던 가부키 연기자를 그린 그림이다. 인기 배우가 상대 연기자의 돈을 빼앗으려고 옷 안에서 팔을 내밀며 대사를 말하려는 순간을 그렸다. 쉽게 말하면 우키요에는 현대 텔레비전 배우나 가수 들의 브로마이드 사진이나 선전 포스터 같은 것이다. 에도 쵸닌들은 가부키 배우를 그린 우키요에를 보고 이번 달엔 어느 극장에 갈까, 누구의 연기가 재미있을까

● 자료 4. 에도시대의 브로마이드, 우키요에

하면서 가부키에 대한 이야기를 많이 나누었을 것이다.

보통 우키요에는 목판으로 대량 인쇄되어 에도의 서점에서 팔렸다. 한 끼 식사비와 비교해 보면 알 수 있듯이 자료 5 우키요에는 서민들에게 결코 비싼 그림이 아니었다. 또 일이나 여행 목적으로 에도를 찾은 많은 사람들은 에도 방문 기념 선물로 우키요에를 사서 고향으로 돌아갔다. 우키요에는 전국에 확산되었고, 지방의 대상인이나 부유 농민 들도 애호가가 되었다.

자료 6은 가쓰시카 호쿠사이의

작은 우키요에	1장 8문
큰 우키요에	1장 20문
메밀국수	1인분 16문

● 자료 5. 우키요에와 식사 가격의 비교(1805년)

후지산을 그린 연작 「부악 36경」(부악은 후지산을 말함)의 한 작품이다. 아침 해가 붉게 떠오르는 후지산 산맥과 조개구름이 떠 있는 파란 하늘의 대비가 선명하다.

이 그림은 어떻게 만들어졌을까? 당시 우키요에 화가는 자신의 작품에 대한 구상과 소재를 마음대로 선택할 수 없었다. 왜냐하면 그들은 대량으로 인쇄해 판매하는 그림을 그려야 했기 때문이다. 후지산을 그려서 출판하기 위해서는 출판사와 판매원을 겸하는 상인들과 사전에 의논을 해야 했다.

원래 후지산은 민간 신앙의 대상이었다. 18세기 중기부터 에도의 쵸닌들은 '후지강'이라는 일종의 종교 단체를 조직했다. 그 당시에는 여행을 마음대로 할 수 없었기 때문에 에도의 많은 서민들은 '후지강'이라는 종교 행사를 명목으로, 단체로 후지산을 오르게 되었다. 당시 우키요에 출판사는 이와 같은 후지 신앙 붐을 이용해서 그 당시 유명한 우키요에 화가인 가쓰시카 호쿠사이가 후지산 그림을 그리면 잘 팔릴 거라고 생각했던 듯하다.

출판사의 제의를 받아들인 가쓰시카 호쿠사이는 먹으로 밑그림을 그렸다. 우선 먹으로 밑그림을 그린다. 그런 다음 '화면의 산맥은 적갈색으로, 하늘은 남색으로' 하는 식으로 화면의 각 부분에 해당하는 색을 지정한다. 그 다음 먹으로 그려놓은 밑그림을 목판에 옮겨 그린 후 조각하는 직인이 목판에 새긴다. 그때 그림에 들어갈 색의 숫자에 맞추어 목판을 여러 장 만든다. 다 새긴 목판은 판화를 인쇄하는 사람에게 가져간다. 인쇄하는 사람은 목판 여러 장에 각기 다른 물감을 칠해 판화를 인쇄한다. 이 우키요에의 경우는 6~7번이나 색을 겹쳐 인쇄했는데도 불구하고

1. 제1판을 남색으로 찍는다.

2. 아침 해에 물든 모습이 나온다.

3. 산 정상에 엷은 묵색을 찍는다.

4. 산기슭의 나무를 찍는다.

5. 조개구름을 빼고 하늘을 남색으로 처리한다.

6. 화면 위를 짙은 남색으로 처리한다.

완성된 작품

● **자료 6.** 가쓰시카 호쿠사이의 다색판화 연작, 「부악 36경」의 하나

색이 조금도 어긋나지 않았다. 17세기 중반 우키요에가 만들어지기 시작했을 때는 먹으로만 인쇄한 판화였는데, 18세기 중반에는 이와 같은 다색 인쇄 기술이 완성되었다.

우리는 우키요에를 화가 한 사람이 그린 미술 작품이라고 생각하는데, 우키요에는 판매를 목적으로 한 공동의 미술 작품이었다. 오히려 우키요에는 미술 작품이라기보다 수공예품의 요소가 더 많다고 할 수 있다.

우키요에 밑그림은 동업자의 동의를 받고 제작해야 했다. 막부는 사치를 조장하고 풍속을 문란하게 한다는 구실로 우키요에를 제작하는 상인과 직인 들을 종종 규제했다. 18세기 후반에는 풍속을 문란하게 하는 책이나 정치를 비판한 책을 대대적으로 탄압하기 시작했다. 금지된 우키요에나 소설을 출판하고 판매를 담당한 출판사는 재산의 절반을 몰수당하는 처벌을 받기도 했다. 19세기 중반이 되자 사치품과 화려한 의복이 금지되었고, 또 출판물도 탄압을 받았다. "우키요에 그림 한 장의 색은 7~8가지 색으로 한정하고, 한 장에 16문 이상은 허가하지 않았다"고 한다. 우키요에는 이런 제약을 받으면서도 계속 제작되었다.

우키요에로 그린 인물이나 풍경은 우리에게 에도시대 서민들이 활발하게 살았던 일상생활의 모습과, 일본 전 지역의 생생한 삶의 터전과 자연 풍경을 생생하게 전해 주는 귀중한 자료다.

서양 문명과의 충돌과 일본의 선택

중국이 아편전쟁에서 패배했다는 소식을 전해들은 사쿠마 쇼잔과 요시다 쇼인은 외국 세력을 배척해야 한다고 생각했다. 얼마 뒤 두 사람은 서양의 여러 나라를 향해 개국을 해야 한다고 생각을 바꾸었다. 사제지간인 두 사람은 비슷한 생각을 지녔으나, 조선·중국·일본의 연대에 대해서는 생각이 전혀 달랐다. 일본은 어떤 길을 선택했을까?

지진 예측기를 발명한 사쿠마 쇼잔

자료 1은 사쿠마 쇼잔(1811~1864)이 만든 지진 예측기다. 사쿠마 쇼잔은 막부 말기 최고의 사상가로, 서양의 과학 기술을 받아들여 구미 열강의 침략에 맞서야 한다고 주장한 사람이다.

이 지진 예측기는 말굽형의 자석 아래에 쇠구슬을 늘어뜨린 철판을 붙여놓고, 그것이 떨어지면 소리가 나게 했다. 기록에 따르면 다음과 같은 이야기가 있다. 1855년 '에도 대지진'이 일어났을 때의 일이다. 어떤 안경점이 약 1미터의 천연 자석에 못을 붙여 가게의 간판 대신 걸어 두었더니, 지진 발생 전에 자석에 붙어 있던 못이 전부 떨어졌다고 한다. 쇼

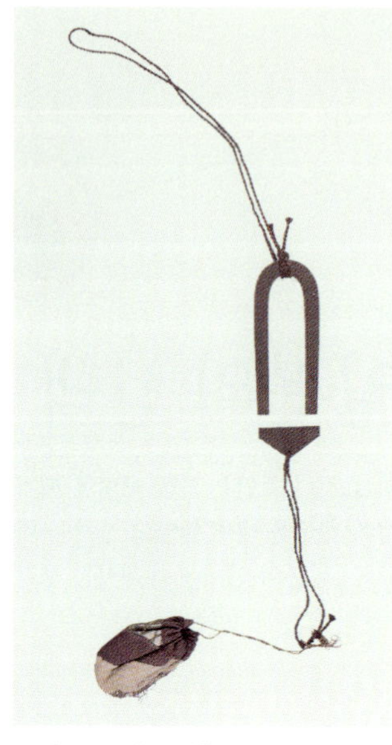

● **자료 1.** 지진 예측기

잔은 이 현상에 주목하여 지진 예측기를 만들었다. 현대 지진학자들도 이 현상으로 지진을 예측할 수 있다고 한다.

1840년 영국은 청과 아편전쟁을 벌였다. 청은 영국의 압도적인 무력 앞에 항복하여 영국과 불평등조약을 맺고 홍콩을 넘겨주었다. 1852년 미국의 페리는 개국을 요구하기 위해 일본을 향했다.

네덜란드 왕은 이런 사실을 막부에 알리고 일본에 개국을 권고했지만 막부는 그 제안을 받아들이지 않았다. 사쿠마 쇼잔은 이 소식을 어떻게 받아들였으며, 거기에 어떻게 대응하려고 했을까?

동양의 도덕과 서양의 기술

에도막부는 처음에는 그리스도교를 묵인했다. 해외 무역으로 얻는 막대한 이익을 중요하게 생각했기 때문이다. 그러나 막부는 선교사가 신자를 선동하여 반란을 일으킬까 염려해서, 그리스도교 선교보다 무역을 중시했던 프로테스탄트인 네덜란드에게만 무역을 허락했다. 서양 문명은 나가사키의 네덜란드 상관을 통해 일본에 전해졌다. 네덜란드의 다른 이름인 홀랜드는 화란(和蘭)이라는 한자어로 번역되었고 화란의 학문, 즉 난학이 서양 학문을 뜻하게 되었다.

난학의 연구 대상은 크게 네덜란드어 등의 어학 연구 분야, 의학, 천문학, 물리학, 화학 등의 자연과학 분야, 측량술, 포술, 제철 등의 기술 분야 등으로 나눌 수 있었다. 주로 난학을 담당했던 사람들은 네덜란드어 통역이나 의사였기 때문에 네덜란드 어학이나 의학, 천문학 등의 자연과학이 난학의 중심이었다. 일본은 당시 아편전쟁을 계기로 군비 개혁이 급해지면서 측량술, 포술, 제철 등 기술 분야와 군사 기술에도 관심을 갖게 되었다. 19세기 청이나 조선과 비교해 보면, 일본의 지식인들은 네덜란드어를 배워 자유롭게 해외의 정세나 최신 학문을 연구할 수 있었다. 따라서 난학 연구가 상당히 활발했다.

지금의 나가노 현에서 한학자의 장남으로 태어난 사쿠마 쇼잔은 젊었을 때부터 주자학을 배웠으며, 에도로 상경하여 유학의 대가로 유명해졌다. 그 후 번주가 막부의 해상 방위 담당 관리가 되었기 때문에 쇼잔은 그 관청의 고문이 되었다. 쇼잔은 아편전쟁 후 일본의 대응에 대해서 다음과 같이 생각했다.

> 청이 패배한 원인은 실용성이 부족한 주자학 때문이다. 따라서 일본은 동양의 도덕과 질서를 지키면서 서양의 포술과 함선 등의 기술을 적극적으로 받아들여야 한다. 이것이 바로 '동양 도덕·서양 기술'이다.

1842년 쇼잔은 이런 자신의 생각을 실현하기 위해 번주에게 자신의 의견을 제안했다.

> 막부는 네덜란드와 무역할 때 구리를 수출하지 말고, 그 구리를 모아서 서양

● **자료 2.** 사쿠마 쇼잔

식 대포를 구입하거나 네덜란드에서 군사 지도자를 데리고 와서 각 지방에 배치해야 합니다. 또 사방이 바다로 둘러싸인 일본은 해군이 반드시 필요하기 때문에 일본인이 군함이나 대포를 제작할 수 있도록 해외로 인재를 파견해야 합니다.

쇼잔의 제안은 당시 '일본인은 해외에 나갈 수 없다'는 쇄국 체제에 위배되는 것이었기 때문에, 막부는 그의 제안을 받아들이지 않았다. 그러자 그는 서양 포술을 배우기 위해 서양식 군대 학교에 입학했다. 또한 네덜란드어의 필요성을 느껴 열심히 노력한 결과 2개월 만에 기본 문법을 습득했다. 1851년 그는 에도에 서양 포술이나 네덜란드어를 가르치는 서양 학교를 설립했고, 많은 제자들을 배출해 에도의 명사가 되었다.

존왕양이론자 요시다 쇼인

쵸슈 번(지금의 야마구치 현) 무사의 둘째 아들로 태어난 요시다 쇼인 (1830~1859)은 5살 때 군사학 스승으로 번주 모리가를 섬겼고, 11살 때 번주 앞에서 군사학을 강의하는 등 재능을 보였다.

19살 때 요시다는 나가사키에서 유학하고 있었는데, 아편전쟁에서 청이 패배했다는 사실을 알고 충격을 받았다. 그는 서양 기술을 받아들여 군비를 확충해야 한다고 주장한 청의 위원이 쓴 책을 열심히 읽었다.

쇼인은 짧은 생애를 살았지만 많은 학자들에게 배우기 위해 여러 지역을 방문했다. 특히 쇼인은 미토 번(지금의 이바라기 현)의 아이자와 세이시사이에게

존왕양이 사상을 배웠다. 그 당시 아이자와는 일본의 정체성을 천황제 숭배나 양이(외국인 배척)에서 찾으려 했다. 아이자와는 서양 문명과 맞서기 위해서는 중국 중심의 화이 질서에서 벗어나 자립하고 서양을 배척해야 한다고 주장했다.

그러나 일본이 자립하고 양이를 실행하기 위해서는 막부의 존재가 반드시 필요하다는 아이자와의 견해는, 훗날 쇼인이 주장한 '존왕 타도 막부'와는 달랐다. 또 아이자와는 양이를 실행하기 위한 군사 기술을 어떻게 받아들일까에 대해서는 언급하지 않았기 때문에, 쇼인은 그 과제를 해결하기 위해 스스로 쇼잔이 세운 서양 학교에 들어갔다.

페리의 일본 상륙과 요시다 쇼인

1853년 미국 동인도 및 중국·일본 해역 함대 사령관 페리는 군함 4척을 이끌고 지금의 가나가와 현 우라가에 와서 대통령의 국서를 제출하며 일본의 개국을 요구했다. 19세기 미국은 중국과 교역하기 위해 태평양을 항해하는 선박이나 포경선의 기항지로 일본의 개국을 요구했다.

쇼잔은 페리의 내항으로 막부가 당황하는 모습을 보고 자신이 지금까지 제안한 것을 실행하지 않았기 때문에 생긴 일이라며 비웃었다. "에도가 전쟁으로 파괴될까봐 걱정하는 거라면 미국의 수도 워싱턴에 풍선 폭탄을 날려서 공격하면 된다"고 하면서 막부 수뇌부를 조소했다고 한다.

이듬해 페리가 다시 내항했을 때, 쇼인은 시모다에 정박한 미국 군함 포하탄 호에 승선했다. 그러나 그의 승선은 발각되었고 해외 도항은 실패로 끝났다. 쇼잔은 쇼인의 해외 밀항 미수 사건에 연루되어 책임을 지고 약 9년간 근신하게 되었다.

쇼인은 사형을 면하고 고향에 유배되었다. 그런 상황에서도 그는 쇼카 손쥬쿠(松下村塾)를 열어, 기병대를 창설한 다카스기 신사쿠, 일본 육군 총사령관이 된 야마가타 아리토모, 초대 수상과 조선통감을 지낸 이토 히로부미 등의 인재를 육성했다. 쇼인은 막번 체제 대신에 천황제 중심의 중앙집권 국가를 수립해서 국력을 충실하게 하고 양이를 실행해야 한다고 주장했다.

일본이 러시아, 미국과 화친조약을 체결한 이듬해인 1855년 쇼인은 다음과 같이 말했다.

● **자료 4.** 페리의 가나가와 현 상륙도

러시아, 미국과 화친조약을 체결했는데 우리나라가 일방적으로 그 조약을 파기해서 외국의 신용을 잃으면 안 된다. 조약을 성실하게 실행해 국제적인 신용을 얻고, 국력을 충실하게 만들어 침략하기 쉬운 한반도와 만주와 중국을 지배해야 한다. 조선과 만주를 식민지 경영하여 러시아와 미국의 교역으로 잃은 것을 되찾아야 한다.

막부는 인재를 등용하고 국방을 충실하게 만들기 위해 개혁을 행하는 등 쇼잔의 제언들을 실행에 옮기기 시작했다. 그러나 이것은 조정의 권위를 높이고 종전의 막부 정치를 전환시키는 계기가 되었다.

1857년 해리스가 미일 통상 교섭을 개시하자, 쇼인은 그때까지의 외국 배척론을 버리고 개국론을 주장했다. 개국론의 골자는 먼저 미국을 설득해서 물러가게 한 다음, 통상으로 국력을 비축하고 독립국가로서 체제를 재정비하여 3년 뒤에 일본이 주도하여 조약을 체결하자는 것이었다.

1858년 막부의 실권자인 이이 나오스케는 천황의 허가를 받지 않고 미일 수호 통상조약에 조인했다. 그가 조인을 서두른 것은 외국의 위협이 눈앞에 있기 때문에 하루라도 빨리 외국과 조약을 맺어 잠정적인 평화를 유지하고, 그 사이에 해상 방위를 강화해야 한다는 생각에서였다. 그 조약의 내용은 나가사키를 포함해 5곳의 항구 개항, 자유무역, 개항장에 거류지 설치, 일반 외국인의 국내 여행 금지 등이었다. 이 조약은 재일 외국인의 영사 재판권을 인정했으며, 일본에 세율 결정권이 없는 관세 조항을 포함한 불평등조약이었기 때문에 양이 운동이 격렬해지는 원인이 되었다.

존왕양이, 요시다 쇼인과 그의 제자들

이 시기의 쇼인과 이이 나오스케의 주장에는 거의 차이가 없었다. 그러나 천황의 권위를 무시한 이이 나오스케의 태도를 보고 쇼인은 막부를 타도해야 한다고 생각했다. 쇼인은 쵸슈 번에 막부 수뇌 암살을 동의해 달라고 요구하면서 동시에 무기 준비를 부탁했다. 강경한 그의 행동에 놀란 쵸슈 번은 그를 다시 투옥했다. 그 후 쇼인은 상급 무사보다는 중하급 무사들이 중심이 되어 막부를 타도해야 한다고 주장했다. 쇼인의 영향을 많이 받은 제자는 다카스기 신사쿠다. 그는 하급 무사와 농민으로 구성된 기병대를 창설해서 쵸슈 번이 존왕양이에서 존왕·막부 타도로 정책을 바꿀 때 전투력을 제공했다.

이이 나오스케는 국내의 혼란을 막고 막부의 권위를 높이기 위해 통상

● 자료 5. 4국 연합 함대에 점령당한 시모노세키 쵸슈 포대

조약 조인에 반대하는 존왕양이파를 탄압했는데, 그때 쇼인도 탄압의 대상이 되었고 그 일로 사형당했다. 쇼인은 사형당하기 직전, 스승인 쇼잔에게 편지를 보내달라고 제자 다카스기에게 부탁했다. 그 편지의 내용은 첫째, 막부와 제후는 무엇을 해야 하는가? 둘째, 일본의 독립을 위해서는 무엇부터 해야 하는가? 셋째, 남자로 한번 태어난 목숨, 어디에서 어떻게 죽을 것인가? 하는 것이었다.

쇼인의 편지가 쇼잔에게 도착하기 전, 쇼인은 이미 에도로 호송되었고, 1859년 11월 21일 사형 집행으로 29세의 짧은 생애를 마쳤다. 다카스기가 편지를 가지고 신슈 마쓰시로에 도착했을 때, 쇼잔은 열심히 개국을 주장하고 있었다. 그로 말미암아 존왕양이를 고집했던 다카스기와 격론을 벌였다고 한다.

1862년 다카스기는 막부 관리와 함께 상해에 도착해서 서양 문명의 위력에 압도당했다. 귀국 후 그는 영국 공사관에 불을 질러 외국 세력에 배척하는 행동을 결행했지만, 양이론에 대해 한계를 느끼게 되었다. 한편 1863년 이토 히로부미는 영국으로 밀항했다. 당시 이토는 쵸슈 번이 외국 선박을 포격한 것에 대한 보복으로 영국, 미국, 네덜란드, 프랑스의 연합 함대가 공격한다는 소식을 듣고 급히 귀국해서 외국 세력을 배척하는 것은 무모하다고 호소했지만 번을 설득하는 데는 실패했다.

쵸슈 번은 4국 함대의 공격으로 큰 충격을 받았으며, 비로소 서양 문명의 위력을 몸소 깨닫게 되었다. 쵸슈 번은 그와 같은 경험을 한 사쓰마 번(지금의 가고시마 현)과 함께 외국 병기를 구입해서 그때까지의 양이 정책을 버리고 막부를 타도하기로 했다.

1863년 막부는 쇼잔이 그때까지 주장한 것을 이해하게 되었다. 그래서 막부와 조정이 협력해서 정권을 담당하고 개국을 추진하도록 하기 위해 그를 상경시켰다. 그러나 쇼잔의 과격한 언행에 반발한 보수적인 존왕양이파 지사들이 교토에서 그를 암살했다.

쇼잔과 쇼인의 차이점

사쿠마 쇼잔과 요시다 쇼인은 중국이 아편전쟁에서 패배할 때까지는 외국 세력을 배척하는 양이론자였다. 그러나 쇼잔은 일본이 서양 열강 제국의 위협을 벗어나기 위해서는 동양의 도덕과 서양의 기술을 근거로 '막부와 조정이 일체가 되는' 형태로 국내를 통일하고, 개국을 추진해야만 한다고 주장했다.

일본인 최초로 태평양 항해에 성공한 막부 신하인 가쓰 가이슈는 막부의 가신이었고, 그의 여동생은 쇼잔의 아내였다. 쇼잔의 해군 설립 구상에 공감한 그는 자신의 이름을 '가이슈(海舟)'라고 칭할 정도로 동양 도덕, 서양 기술 사상의 영향을 많이 받은 인물이다. 그는 1864년 일본 해군의 모체라 할 수 있는 고베 해군 조련소를 설립했다. 그때 그는 고베를 발판으로 쓰시마, 조선, 중국과 일본 해군에 의한 연대 세력을 확대함으로써 삼국이 연대하여 서양 제국에 대항해야 한다고 주장했다. 또 그는 메이지 정부의 고관으로서 청일전쟁 직전에 청과의 전쟁을 반대했다.

메이지 정부는 쇼인의 제자들을 중심으로 수립되었다. 메이지 정부는 천황을 중심으로 하는 새로운 국가를 건설했다. 당시 그들은 그때까지 공격하던 구미 열강 대신에 한반도를 공격하면서, 동양 도덕을 포기하는 방침을 선택했다고 할 수 있다. 그러나 조선·중국·일본과의 연대로 서양 문명과 대결해야 한다는 쇼잔과 가쓰 가이슈의 동양 도덕론이 막부 말기에 존재했다는 사실을 재인식하는 것은 한일 양국의 역사를 되돌아볼 때 의미 있는 일이라고 할 수 있겠다.

서양 문명과의 충돌과 조선의 선택

조선은 어느 시기에 서양 세력과 만났으며, 그 만남은 조선에 어떠한 영향을 미쳤을까? 서양에 대한 조선의 대응은 일본과 어떻게 달랐을까? 그리고 조선은 어떻게 개국하였을까?

세계를 보는 눈, 중국에서 만국으로

조선인들은 세계를 과연 어떻게 이해했을까? 다음 지도를 보자. 자료 1은 15세기 초반 중국 지도를 참고로 하여 조선에서 제작한 것이다. 중국, 조선, 일본이 보인다. 중국이 중심에 있고, 일본은 실제보다 훨씬 작게 그려져 있다. 그러나 아프리카 대륙에 비하면 그래도 좀 나은 편이다. 인도 대륙은 아예 드러나지도 않는다. 15세기 조선 지배층들의 세계 지리지식은 이와 같았다.

자료 2는 가톨릭 선교사인 마테오 리치가 중국에서 작성한 지도이다. 이 지도는 17세기 초반 중국을 다녀온 사신이 조선에 들여왔다. 오늘날

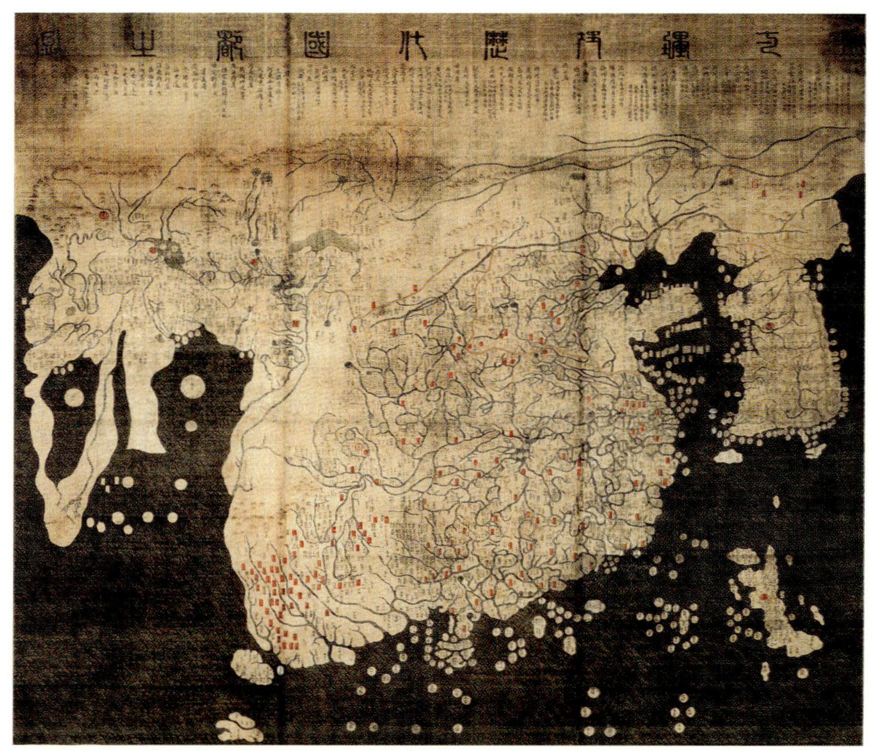

● 자료 1. 「혼일강리역대국도지도」(1402)

우리가 볼 수 있는 세계지도와 거의 비슷하다. 이렇게 조선은 서양과 만나면서, 서양인들이 가지고 들어온 정보를 통해 서양을 좀 더 정확하게 알고 세계에 대한 인식을 확장해 갔다.

조선이 서구와 처음 만난 것은 17세기 전후에, 명에 와 있던 서양 천주교 선교사를 통해서였다. 명에 파견된 사신들은 북경의 천주교 교회당을 방문하여 선교사들과 대화하고 그들로부터 신기한 물건을 받아 돌아왔다. 선교사들로부터 받은 것은 지구본, 망원경, 자명종, 그리고 세계지도나 천문역법 등이었다.

물론 천주교에 관한 것들은 당연히 빠지지 않았다. 선교사를 통해 들어온 서양 문물은 과학 기술과 관련된 것만은 아니었던 것이다. 선교사들의 주된 관심은 포교였다. 따라서 서양의 종교 서적도 조선에 많이 소개되었다.

천주교, 조선 유교 사회와 정면으로 부딪치다

선교사들을 통해 받아들인 서양에 관한 정보는 서학이라고 불렸다. 서학 이 활발하게 소개되면서 그 중 어느 것을 어느 정도 받아들일 것인가를

놓고 입장이 갈렸다. 그러나 서양과 중국의 과학과 실용 기술을 받아들여 부국강병과 민생 안정에 보탬이 되게 하자는 데는 생각이 크게 다르지 않았다.

문제는 천주교였다. 왜 천주교가 문제가 되었을까? 당시 조선은 유교가 지배하는 사회였기 때문이다. 조선에 천주교가 전래되면서 무슨 일이 발생했을까? 천주교에 대한 연구가 깊어지면서 이것을 종교로서 믿을 것인가 말 것인가를 두고 많은 사람들이 논란을 벌였다. 대체로 조선의 유학자들은 천주교가 불교의 아류에 불과한 것으로 이해했다. 천주교에서 말하는 '천주'는 곧 동양에서 말하는 '상제'와 다름없고, 영혼

불멸이나 천당 지옥설은 황당하여 믿을 만한 것이 못 된다고 생각했기 때문이다.

그러나 일부 지식인들이 천주교의 평등사상 등에 관심을 갖기 시작하였고, 점차 신앙으로 받아들이는 사람들이 생겨났다. 천주교가 신앙으로 받아들여지면서 유교와 정면으로 충돌하기 시작하였다. 천주교는 조상에 대한 제사나 신분제, 남존여비 등 유교 사회의 도덕규범과 정면으로 충돌하였다. 특히 제사 거부는 유교를 신봉하는 조선 지배층들을 분노하게 했다.

물론 중국이나 일본에서도 간혹 기독교 포교 활동이 인정되기도 했지만, 대체로 신앙 및 포교 활동이 금지되는 경우가 일반적이었다. 조선의 경우는 중국이나 일본보다 더 강력하게 천주교를 금지시켰다. 조선 지배층들에게 천주교는 유교의 정통성을 위협하는 사악한 서양 종교였던 것이다.

더욱이 천주교는 서양 세력의 조선 침략과 관련되는 것으로 인식되면서 더욱 배척되었다. 1801년 천주교에 대한 대대적인 박해가 행해졌을 때, 한 천주교도가 당시의 참상을 북경에 있던 주교에게 알리고자 한 밀서가 압수되었다. 이 밀서에서 특히 문제가 되었던 것 중 하나는 신앙의 자유를 획득할 수 있는 방안으로 서양 열강의 무력 시위를 요청한 부분이었다. 천주교는 조선 사회가 서양에 대해서 부정적으로 인식하는 데 매우 중요하게 작용한 요소였다.

서양 함포, 조선을 흔들다

조선이 천주교와 서양에 대해서 문을 닫고 있었지만, 서양 세력은 차츰차츰 조선을 향해 다가오고 있었다. 조선이 서양의 위력을 실감하게 된 것은 청과 영국의 아편전쟁 소식이었다. 청의 영향력 아래 있던 조선으로서는 청이 영국에게 쉽게 굴복하리라고는 예상하지 못했던 것이다. 급기야 애로우 호 사건에 이은 영불 연합군의 북경 점령은 조선을 충격으로 몰아넣었다.

뿐만 아니라 19세기 중반 이후 조선 연안에는 서양 선박들이 빈번하게 출몰하여 조선 지배층과 백성들의 불안감을 조성하였다. 1840년대

● **자료 3.** 조선의 해안에 출몰한 이양선

영국 상선이 조선의 해안을 측량하고, 조선 땅에 상륙하여 가축을 약탈하고 살상하는 일도 있었다. 그러한 분위기에서 대제국 청이 서양 세력에게 속수무책으로 무너지는 것을 보면서 조선 지배층은 엄청난 위기감을 느끼고 있었다.

그러는 와중에 급기야 서양 세력이 무력으로 조선을 공격하는 사태가 발생하였다. 1866년 조선의 천주교도 탄압을 빌미로 한 프랑스 함대의 공격과 1871년 미국 함대의 공격이 바로 그것이다.

1866년 당시 실권자였던 흥선대원군이 천주교 포교 금지 및 천주교도 탄압 정책을 펴, 프랑스 신부와 조선인 천주교 신자 수천 명을 죽였다. 이때 조선에 와 있던 프랑스 신부 12명 중 9명이 처형되었으며, 살아남은 신부가 청으로 탈출, 프랑스 동양 함대 사령관 P. G. 로즈에게 보복 원정을 요청하였다.

이에 로즈는 군대 1000여 명, 군함 7척으로 조선 왕조의 수도 한성으로 들어가는 길목인 강화도를 공격하였다. 강화도를 점령한 프랑스군은 몇 차례의 공방 끝에 한 달여 만에 전사자 6명을 포함하여 60~70명의 사상자를 내고 강화도에서 철수하였다. 이 싸움은 조선이 최초로 서구 침략 세력과 충돌한 사건이었다.

5년 뒤인 1871년 미국 아시아 함대가 다시 강화도를 침략하였다. 이 사건의 직접적인 발단은 1866년 미국 상선 제너럴 셔먼 호가 조선에서 불탄 사건이었다. 미국은 이 사건을 빌미로, 그 진상 조사와 손해 배상 요구를 위해 조선과 통상 관계를 수립하려고 하였다. 이를 위해 미국 함대 사령관 J. 로저스에게 해군 함대를 동원하여 조선을 공격하도록 하였다. 1871년 4월 로저스는 군함 5척과 군사 1200여 명을 이끌고 강화도에 접

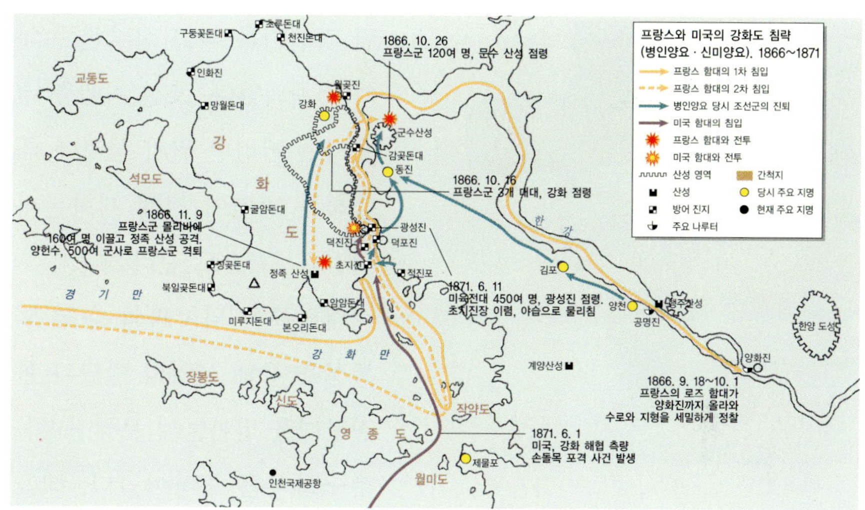

● **자료 4.** 서구 세력과 맞섰던 당시 강화도의 상황

근하였다. 강화도 수비병들은 미국 함대에 포격을 가하였다. 미국 함대는 포격에 대한 사죄와 손해 배상을 요구하였으나 조선은 미국의 행위를 주권 침해와 영토 침략 행위로 간주하고 협상을 거부하였다. 협상이 결렬되자 미국 함대는 강화도를 공격하여 점령하였다. 이에 조선군은 강력하게 저항하였고, 결국 미국 함대는 조선 개항을 단념하고 철수하였다.

외국과의 수교를 놓고 고뇌하다

이 두 사건으로 조선은 서양 세력의 침략에 대한 위기의식이 더욱 강해졌으며, 그와 함께 그들을 물리쳤다는 자신감도 갖게 되었다. 아울러 이 두 사건을 계기로 조선 사회 내에서는 서양 세력에 대한 정책을 어떻게

펼 것인가를 놓고 심각한 논의가 전개되었다. 조선 지배층 내에서는 이러한 위기 상황에 대응하는 방안이 크게 개화론과 위정척사론으로 갈라졌다.

개화론은 외국과의 수교 및 통상을 통해 서양의 발달된 물질문명을 받아들여 부국강병을 추구하자는 주장이었다. 대표적인 개화론자로 박규수_{자료 5}를 꼽을 수 있다. 박규수는 2차 아편전쟁 무렵 사절단의 일원으로 청에 다녀오면서 서양 세력의 위력을 체감하였고, 그들의 침략에 대비할 필요가 있음을 주장하였다. 그가 보기에 서양 세력은 발달된 기술 문명을 소유한 침략 세력이었던 것이다.

박규수는 장차 세계는 열강이 서로 동맹하여 정벌하게 되면서 큰 분쟁에 휘말릴 것이며, 그 상황이 닥쳤을 때 조선은 기민한 외교 전략으로 국가를 보전해야 한다고 생각했다. 그는 미국이 상대적으로 침략 성향이 낮기 때문에 적극적인 화친 정책을 펼 필요가 있다고 주장하기도 했다.

일본에 대해서도, 그들이 서양과 한 편이 되었음을 안다면 그들과의 우호 관계를 거슬러 적국을 하나 더 만들 필요가 없음을 역설했다. 김옥균 등 19세기 말 개화 정책에 앞장선 인물들의 대부분은 박규수에게서 세계 정세와 조선의 나아갈 바를 배웠다.

　반면 '위정척사'란 올바른 도
리를 지키고 사악한 것을 물리
친다는 입장으로, 올바른 도리
란 유교이며 사악함의 상징은
천주교였다. 물론 천주교와 함
께 들어오는 침략 세력도 당연
히 사악한 세력으로 인식되었
다. 이들은 철저한 성리학 신봉
자들이었다. 이들은 서양은 사
악한 침략 세력이기 때문에 막
아내야 하며, 천주교를 철저하
게 몰아내 유교의 순수성을 유
지해야 한다고 주장하였다.

● **자료 6.** 최익현

　당시 위정척사파들은 일본에 대해 어떻게 생각했을까? 척사파의 대표
인물 가운데 하나인 최익현은 일본도 서양과 본질적으로 다를 것이 없다
고 판단하고, 일본과의 통상을 반대했다. 많은 유학자들이 이러한 주장
에 동의했다. 최익현은 일본과 통상 수교를 해서는 안 되는 이유 5가지
를 다음과 같이 들고 있다.

1. 그들의 압력을 견디지 못해 조약을 맺게 되면, 그들이 끝없이 요구해 올
   텐데, 그 요구를 다 수용하기 어렵다.
2. 생산량이 제한되어 있는 농산물과 생산량을 쉽게 늘릴 수 있는 서양의 공
   산품을 거래하게 되면 조선의 살림이 기울어질 것이다.

3. 교류를 하게 되면 서양 문물이 들어와 풍속을 어지럽힐 것이다.

4. 외국인들이 국내에 들어와 살게 되면서 횡포를 부릴 것이다.

5. 외국인들은 파괴와 약탈을 서슴지 않아 우리 백성의 원망이 높아질 것이다.

1870년대 이후 조선의 정치 동향은 개화파와 위정척사파의 의견이 팽팽하게 맞서면서 진행되었다.

조선, 세계로 걸어 나가다

조선은 이미 프랑스와 미국의 침략을 막아내면서 나라의 문을 굳게 닫고 있었다. 당시 실권자인 대원군은 전국 각지에 척화비를 세워 외국의 군사 위협에 대항할 것을 촉구하였다.

서양 오랑캐가 침범하는데 싸우지 않는다는 것은 화친한다는 것이다. 화친은 곧 나라를 파는 일이다.

그 즈음 일본은 메이지유신 이후 서구 세력과 나란히 조선에 개국 통상을 강요하기 시작하였다. 일본과 조선은 이전부터 국교 관계를 맺어 왔지만, 메이지 정부는 막부의 대조선

● 자료 7. 척화비

외교를 비판하고 내부 혼란을 수습하기 위해 조선에 무리한 외교적 요구를 한 것이다. 그리고 그 방법은 미국이 일본에게 한 것과 비슷하게 함포를 동원한 강요였다. 그러나 대원군 정권은 기존의 외교틀을 유지할 것을 요구하며 사신의 접견을 거부하였다.

조선의 이러한 반응에 대해, 일본 내에서는 사이고 다카모리 등을 중심으로 무력을 통해 강제로 조선을 개국시켜야 한다는 정한론이 제기되었다. 사이고 다카모리는 스스로 조선에 사절로 파견되어 죽음을 무릅쓰고라도 전쟁의 명분을 얻겠다고 주장하기도 하였다. 그러나 아직은 일본 내부의 체제를 정비하는 것이 급선무라는 주장이 받아들여져 정한론은 실행되지 않았다.

그렇다고 조선에 대한 일본의 정책이 근본적으로 바뀐 것은 아니었다. 얼마 지나지 않아 일본은 그들이 미국에게 당한 대로 조선을 함포로 위협하면서 수교 통상을 강요하였다.

그 즈음 대원군이 10여 년 만에 권력에서 물러나면서, 조선 정부 내에서는 개국을 둘러싼 논의가 전개되었다. 조선은 일본의 압력을 거부하거나 무시할 수 없었고, 당시 정부에는 개화파들의 발언권이 강화되고 있었다. 결국 조선은 일본과 조일 수호 통상조약(강화도조약)을 맺음으로써(1876) 일본과의 우호를 다시 회복하려고 하였다. 그러나 일본은 더 이상 과거의 이웃 나라가 아니었다. 조선은 험난한 근대화의 대장정에 첫발을 내디딘 것이다.

동양 평화, 그 멀고도 험난한 길

내부에서 쇄국과 개국을 놓고 여론이 갈려 있던 조선은 이렇게 세계의 흐름 속으로 걸어 들어갔다. 과연 조선은 주변 환경에 어떻게 대응하였을까? 수교 통상 거부를 주장하였던 사람들은 외국 여러 나라와의 수교 및 개국 과정을 보면서 어떠한 행동을 하였을까?

조선은 19세기 말 격동기에 근대 국가로의 도약을 위한 노력을 계속하였으나, 결국 일본과 조일 수호 통상조약을 맺은 뒤 30여 년 만인 1905년 일본에게 외교권 등 주권을 박탈당하였다. 러일전쟁에서 승리한 일본이 미국, 영국 등과 합의를 거쳐 조선을 지배하게 된 것이다.

물론 조선은 일본의 조선 지배를 원치 않았다. 많은 조선인들이 주권을 지키기 위해 일본의 침략에 맞서 싸웠다.

위정척사론자였던 최익현은 1906년 주권 박탈에 저항하여 의병을 일으켰다. 아울러 일본정부에 문서를 보내 일본의 죄목 16가지를 열거하면서 동양의 평화를 위해 일본이 해야 할 바를 제시하였다.

그가 제기한 일본의 죄목 중 대표적인 것은 다음과 같다. 1894년 궁궐을 침범하여 파괴와 약탈을 행한 일, 명성황후를 살해한 일, 마음대로 철도를 놓아 이윤을 빼앗아간 일, 조약을 강제로 맺어 주권을 빼앗아간 일, 화폐 제도를 바꾸어 이익을 얻고 조선의 재정을 텅 비게 한 일, 1905년 대궐을 포위하고 조약을 강요한 일 등이다.

최익현은 일본을 일방적으로 배척한 것만은 아니었다. 일본의 침략 행위는 종국에는 일본을 파멸의 길로 이끌고 갈 것이라는 점을 경고하면서, 동양 평화를 위해서는 일본이 음모와 속임수를 버려야 하며, 동양 3

국이 연대하여 서양 세력에 맞서 싸워야 한다고 주장하였다. 즉 일본이 통감을 폐지하고 고문과 사령관 들을 본국으로 소환하고, 충성스럽고 믿을 만한 사람을 공사로 파견하여, 이를 통해 각국에 잘못을 인정하고 조선의 자주독립권을 침해하지 않도록 해야 한다는 것이었다.

그리하여 한일 양국이 진정으로 영원토록 서로 편안해진다면 일본에게도 안전한 복이 있을 것이며, 동양의 안정도 유지될 것으로 최익현은 보았다. 그러나 그의 동양 평화론은 희망으로 그치고 말았다.

동양 평화론, 동아시아의 화해와 공존은 약육강식의 원리가 지배하는 현실에서 이상에 불과한 것일까?

참고문헌

3부 양반과 무사의 시대

19. 조선 사회를 움직인 성리학 – 정행렬

- 김교빈,『한국철학 에세이』, 동녘, 2003.
- 김교빈,『동양철학 에세이』, 동녘, 2003.
- 한국철학사연구회,『한국철학사상사』, 심산문화, 2003.
- 한국사상사연구회,『조선유학의 개념들』, 예문서원, 2002.
- 한국철학사상연구회,『강좌 한국철학』, 예문서원, 1995.

20. 무사의 사회와 유교 – 가스야 마사카즈, 미야하라 다케오

- 阿部吉雄,『日本朱子學と朝鮮(일본 주자학과 조선)』, 東京大學出版會, 1965.
- 渡邊 浩,『近世日本社會と宋學(근세 일본 사회와 송학)』, 東京大學出版會, 1985.
- 小島 毅,『東アジアの儒教と禮(동아시아의 유교와 예)』, 山川出版社, 2004.

21. 가나 문자의 탄생 – 이바라키 사토시

- 河野六郎,『文字論(문자론)』, 三省堂, 1994.
- 山口明穗(他),『日本語の歷史(일본어의 역사)』, 東京大學出版會, 1997.
- 沖森卓也,『日本語の誕生－古代の文字と表記(일본어의 탄생－고대 문자와 표기)』, 吉川
    弘文館, 2003.

22. 새 시대를 연 한글 – 배성호

- 서울대학교 국어교육연구소,『고등학교 문법 교과서』, 교육인적자원부.

• 전국국어교사모임, 『중고등학생들을 위한 우리말 우리글』, 2002·2003.
• 노명완 외 8인, 『고등학교 국어생활(검정교과서)』, 두산출판사, 2003.
• 박영준 외 3인, 『우리말의 수수께끼』, 김영사, 2002.
• 국립국어연구원, 『디지털 한글 박물관(http : // www.hangeulmuseum.org)』

23. 니혼마와 정원을 만들어낸 사람들 - 우메자와 카즈오

• 榎原雅治, 『日本の時代史11ーー揆の時代(일본시대사11ー잇키의 시대)』, 吉川弘文館, 2003.
• 五味文彦(他), 『日本の中世7ー中世文化の美と力(일본 중세7ー중세 문화의 미와 힘)』,
   中央公論新社, 2002.
• 宮元健次, 『龍安寺石庭を推理する(료안지 세키테이를 추리한다)』, 集英社新書, 2001.

24. 전통 가옥으로 본 양반 생활 - 박중현

• 한필원, 『한국의 전통마을을 가다』, 북로드, 2004.
• 신영훈, 『한옥의 고향』, 대원사, 2000.
• 서윤영, 『집우집주』, 궁리, 2005.

25. 동아시아를 뒤흔든 임진왜란 - 빈수민

• 강만길 외, 『한국사』8, 한길사, 1994.
• 손승철, 『조선시대 한일관계사연구』, 지성의 샘, 1994.
• 향토사교육연구회, 『새로 쓴 대구역사기행』1, 영한, 2002.
• 강민길 외, 『우리역사 속 왜』, 서해문집, 2002.
• 한일공통역사부교재 제작팀, 『조선통신사』, 한길사, 2005.
• 한일관계사연구논집 편찬위원회, 『임진왜란과 한일관계』, 경인문화사, 2005.
• 권소영, 「동래부순절도의 제작 배경과 내용에 대하여」, 서울여대 석사학위논문, 2002.

26. 도요토미 히데요시의 조선 침략 - 가스야 마사카즈, 도리야마 다케오

• 藤木久志, 「朝鮮出兵と民衆(조선 출병과 민중)」, 佐佐木潤之助 編, 『日本民衆の歷史3
   (일본 민중의 역사3)』, 三省堂, 1974.
• 貫井正之, 『豊臣政權の海外侵略と朝鮮義兵研究(도요토미 정권의 해외 침략과 조선 의

병 연구)』, 靑木書店, 1996.
- 北島万次, 『秀吉の朝鮮侵略(히데요시의 조선 침략)』, 山川出版社, 2002.

27. 양반 - 이인석

- 최재남, 『사림의 향촌 생활과 시가문학』, 국학자료원, 1997.
- 이성무, 『한국의 과거제도』, 집문당, 1994.
- 이수건, 『영남학파의 형성과 전개』, 일조각, 1998.
- 미야지마 히로시, 『양반』, 강, 1996.

28. 에도시대 무사의 생활 - 고마쓰 카쓰미

- 藤井讓治 編, 『日本の近世3－支配のしくみ, 7身分と格式(지배 조직, 7신분과 격식)』, 中
  央公論社, 1992.
- 高木昭作, 『日本近世國家の硏究(일본 근세 국가의 연구)』, 岩波書店, 1990.
- 笠谷和比古, 『武士道とその名譽の掟(무사도와 그 명예의 규정)』, 敎育出版, 2001.

4부 새 시대를 향한 준비

29. 선린우호 사절단 통신사－미쓰하시 히로오, 최종순

- 上垣外憲一, 『雨森芳洲－元祿享保の國際人(아메노모리 호슈－원록향보의 국제인)』,
  中公新書, 1989.
- ロナルド・トビ, 『近世日本の國家形成と外交(근세 일본의 국가 형성과 외교)』, 創文社, 1990.
- 倉地克直, 『近世日本人は朝鮮をどうみていたか－「鎖國」のなかの「異人」たち(근세
  일본인은 조선을 어떻게 보았는가－'쇄국' 시대의 '이인'들)』, 角川選書, 2001.

30. 조선시대 농민의 생활 - 최현삼

- 김재호, 『생태적 삶을 일구는 우리네 농사연장』, 소나무, 2004.
- 한국역사연구회, 『조선시대 사람들은 어떻게 살았을까』, 청년사, 1996.
- 한국생활사박물관편찬위원회, 『한국생활사박물관』9－10, 사계절출판사, 2003.

31. 에도시대 농민의 생활 – 고마쓰 카쓰미

- 秋山高志 他 編,『圖錄 農民生活史 辭典(도록 농민생활사 사전)』, 柏書房, 1979.
- 水本邦彦,『近世の村社會と國家(근세의 촌 사회와 국가)』, 東京大學出版會, 1987.
- 佐藤常雄 他,『貧農史觀を見直す(농민사관을 읽는다)』, 講談社現代新書, 1995.

32. 탈춤과 민화가 말해주는 조선시대 모습 – 최현삼

- 한국역사연구회,『조선시대 사람들은 어떻게 살았을까』1 · 2, 청년사, 1996.
- 채희완, 김문호,『빛깔있는 책들 120 – 탈춤』, 대원사, 1992.
- 전경욱,『봉산탈춤』, 현암사, 2004.
- 윤열수,『민화 이야기』, 디자인하우스, 1995.
- 조선민화박물관(http : //www.minhwa.co.kr)
- 오주석,『오주석의 한국의 미 특강』, 솔, 2003.

33. 가부키와 우키요에가 말해주는 에도시대 모습 – 히라노 노보루

- 今尾哲也,『歌舞伎の歷史』, 岩波書店, 2000.
- 小林忠,『戶浮世繪を讀む』, 筑摩書房, 2002.
- 小林忠,『カラー版　浮世會の歷史』, 美術出版社, 1998.

34. 서양 문명과의 충돌과 일본의 선택 – 우오야마 슈스케

- 信夫淸三郎,『象山と松陰 – 開國と攘夷の論理(쇼잔과 쇼인 – 개국과 양이의 논리)』, 河
　　　出書房新社, 1975.
- 岩井忠熊,『大陸進出は避け難い道だったのか(대륙 진출은 피할 수 없는 길이었을까)』,
　　　かもがわ出版, 1997.
- 松本健一,『評傳 佐久間象山　上 · 下(쇼잔 평전 상 · 하)』, 中央公論社, 2000.

35. 서양 문명과의 충돌과 조선의 선택 – 양정현

- 이원순,『조선서학사연구』, 일지사, 1986.
- 손형부,『박규수의 개화사상 연구』, 일조각, 1997.

한일 양국에서 역사 교육 운동을 활발하게 펼치고 있는 한국의 전국역사교사모임과 일본의 역사교육자협의회는 2001년 교류를 시작했다. 이때 두 단체는 매년 양국을 오가며 현장의 역사교육 실천 사례를 중심으로 교류회를 개최하고, 동시에 역사 수업에서 활용 가능한 한일 공동 역사 교재를 만드는 데 합의했다.

그 출발점에서 우리는 100미터 달리기를 하는 것으로 생각했다. 그러나 이제 와서 돌이켜 보면 그것은 100미터 달리기가 아니라 장애물 달리기였다는 생각이 든다. 하지만 중요한 것은 우리들은 그 장애물을 피하지 않고 정면으로 도전해서 장애물을 극복하면서 여기까지 왔다는 사실이다.

우리의 출발 지점은 갈등과 대립, 가학의 역사를 지양하고 반성과 화해, 공존을 모색하는 것이었다. 극우적 역사 인식에 대항하는 것이었다. 양국 참여자들의 문제의식은 같았지만 역사 인식까지 동일한 것은 아니었다. 상대국과의 인식 차이는 말할 것도 없고, 자국 내 집필진들 간의 역사 인식 차이도 간단치 않았다. 그러한 인식 차이로 말미암아 토론 과정에서 때로 격론이 일기도 했다.

공동 작업의 첫걸음은 토론, 집필 참여자들 간의 관심, 관점, 인식 차이를 명료하게 하는 것이었다. 인식의 차이를 좁혀 보려고 노력했지만 어쩔 수 없는 경우는 그것을 명확하게 드러내기로 하였다. 그 과정에서 서로 이해하고 나중에는 서로 닮아 가는 모습을 확인하기도 하였다.

양국의 참여자 구성은 몇 가지 점에서 두드러진 대비를 보였다. 우선 연령 분포로 보면 일본 교사들에 비해 한국 교사들은 연소했다. 일본 참여자의 대부분이 이미 퇴직한 노대가에서 50대 전후의 중견인 것에 비해 한국 참여자들은 30대 중후반이 중심이었고, 교직에 나선 지 몇 년 안 된 20대도 있었다. 일본 교육계의 한 단면을 보는 것 같았고, 우리의 10년 뒤, 20년 뒤의 모습이 그러지 않을까 하는 생각도 했다.

공동 작업 과정에서 서로의 역사에 대해서 매우 무지했음을 깨닫는 데는 오랜 시간이 걸리지 않았다. 한국측 교사들은 일본사에 대해 아는 바가 별로 없었다. 우선 참여자들부터 일본사 학습이 절실하게 필요하다는 점을 깨달았다. 작업 과정이 곧 학습 과정이었다. 일본사를 공부하는 과정에서 한일관계사를 다룬 부교재를 번역 출판하기도 했다.

역사교육자로서 학생과 일반 독자들의 상호 이해를 돕기 위해서는 상대국의 역사 이해는 필수조건이었다. 한국 학생들이 일본의 역사와 문화에 대해서 무엇을 궁금해하며, 어떤 소재를 활용하여 어떤 방법으로 풀어갈 수 있을지에 대한 생산적인 논의가 가능하기 위해서는 상대국의 역사를 제대로 알 필요가 있었다.

예를 들어 한국 학생들은 사무라이를 거의 닌자에 가까운 이미지로 이해하고 있다. 그런데 에도 막부 시기에 주로 행정 업무에 종사하는 하급 관원이 사무라이의 일반형에 비교적 가깝다는 점은 한국 교사들에게도 매우 생소한 사실이었다. 이렇게 공동 작업과 교류를 계속하면서 상대국의 역사에 대한 소양을 높여 나가는 것이 무엇보다 중요함을 확인할 수 있었다.

협의가 진행될수록 한국 교사들의 논의 수준은 향상되어 갔고, 원고 집필에 가속도가 붙었다. 시간이 흐를수록 주제 내용을 재조정한다거나 원고의 틀을 바꾸는 데 민첩한 모습을 보였던 것 같다. 해당 주제 책임 집필자의 원고에 대해 동료들이 가혹하게 비판하거나 수정을 요구해도 대체로 관철되었다. 토론을 통한 공동 작업의 의미를 나름대로 살려가는 진행 방식이었다. 가끔 불평의 소리도 들려왔으나 그 과정이 내적 성장의 시간이기도 하였다.

상대국 원고에 대한 검토는 내부 검토에 비해 조심스러울 수밖에 없었다. 양국의 글쓰기와 토론 문화의 차이를 확인할 수 있는 기회였다. 한국 교사들이 상대적으로 좀 거칠게 문제제기를 하는 데 비해 일본 교사들은 상대적으로 완곡한 표현을 썼다.

누구를 염두에 두고 어떠한 형식으로 성과물을 낼 것인가에 대해서도 많은 논의와 곡절이 있었다. 한일 양국 간의 역사 인식을 좁히려는 공동 교재 작업이 다양하게 진행되고 있는 상황에서, 양국의 현장 역사교육자들의 모임인 우리들로서는 말 그대로 실제 수업시간에 교재로 활용할 수 있도록 교사용 가이드북을 내기로 합의했다. 해당 주제를 어떠한 관점에서 바라볼 것인가, 수업 시간에 이 주제를 어떤 방법으로 다룰 것인가, 수업에 직접 활용할 수 있는 자료는 어떤 것들이 있는가 등에 대해 더욱 구체적인 방안을 제시하고자 했다.

그러나 출판 문제를 점검하는 과정에서 이러한 내용을 모두 담은 책을 현실적으로 출판하기 어렵다는 사실을 확인하게 되었다. 출판 사정은 일본이 한국에 비해 더 어려웠다. 결국 대중 출판이 가능한 형태로 전환하기로 했다. 교사의 수업용 교재를 만들기보다는 학생이나 일반대중 독자들과 책을 통해 만나기로 한 것이다. 이 점은 현장 역사교육 담당인 우리들이 아쉬워하는 대목 가운데 하나이다.

역사교육자의 입장에서는 수업 실천이 본령이다. 이 작업에 직접 참여하지 않은 교사가 이 책을 사용하여 수업할 경우 교사용 지도서나 자료집이 추가로 제공될 필요가 있다. 이 점은 한일 공동 교재 작업팀 혹은 한일 역사교육자 교류 모임의 향후 활동 방향과 관련하여 계속적인 논의가 요구된다.

이 작업은 애초 구상의 1단계로 우선 전근대까지를 대상으로 한 것이다. 2단계 작업은 근현대 부분인데, 근현대 부분은 양국 역사 교사들의 수업 실천 사례를 중심으로 구성해 보는 방식도 있을 것이다. 한국 전국역사교사모임과 일본 역사교육자협의회는 2002년부터 매년 번갈아 가면서 수업 실천 사례를 발표하고 토론하는 교류회를 갖고 있다. 지금까지 다양한 수업 실천 사례가 발표되었고, 앞으로도 계속 사례를 개발해 나갈 것이다. 현장 실천을 바탕으로 근현대 작업을 구상한다면, 한일 역사교육자들이 만드는 공동 교재의 특성을 좀 더 드러낼 수 있을 것이다.

세상에 이 책을 내놓으면서 독자 여러분에게 부탁하고 싶은 이야기가 있다. 우리는 서로를 이해하기 위해서라고 하면서 자기 이야기하기에 바쁘지 않았나 하는 점이다. 상대방을 이해하려고 노력한다면서 자기 생각이 더 객관적이라고 주장했다는 생각도 든다. 상대방의 역사를 알기 위해서는 상대방이 자기 역사를 어떻게 이야기하는지를 잘 들어주는 것이 우선이라고 생각한다.

우리는 독자 여러분의 역사관이 흔들리기를 바란다. 우리가 이 글을 집필하면서 느낀 당혹감과 갈등을 충분히 느꼈으면 한다. 이제는 그만 서로의 상처를 딛고 일어나 서로의 이야기를 들어주고 나서 다시 자기의 아픔을 돌아보는 그런 시각이 생기면 좋겠다.

이 책이 나오기까지 도와주신 분들이 많다. 특히 한국에서 4년여를 보내며 우리에게 일본의 상황과 일본사를 세세히 가르쳐 주신 오오즈 겐코 선생

님, 통역을 해주었던 황자혜 씨와 이언숙 씨에게 감사를 드린다. 또 이 책
에 막대한 애정과 소명의식을 갖고 출판을 담당해 준 강맑실 사장님과 사계
절출판사 식구들에게도 감사를 드려야겠다.

2006. 8.

전국역사교사모임 한일역사교육교류모임

일본 저자 후기_서로를 이해하기 위하여

2001년 여름 한국의 전국역사교사모임에서 일한 공동 역사 교재를 만들자고 제안했다. 그 해는 새역사교과서를 만드는 모임에서 만든 중학교 역사 교과서가 검정을 통과했다. 그리고 일본 내의 배타적 국가주의가 동아시아 사회의 우려를 낳았다. 그런 상황 속에서 우리들은 일본 안에서만 통용되는 독선적인 역사관에 갇혀 있을 것이 아니라, 세계를 향해 열린 역사 인식을 키워야 한다고 느끼고 있었다. 이웃나라인 한국 역사 교사들과의 공동 작업을 통해서 상호 이해를 위한 교재를 만들어 가는 것은 국제적인 시야에서 자국사를 수정하는 일을 하고 있던 우리들에게 더없는 제안이었고, 배타적인 국가주의를 극복하기 위해서도 좋은 일이라고 생각했기 때문에 그 제안을 받아들였다.

역사교육자협의회 회원들 가운데 이미 한국사 수업을 하는 교사들이 많았다. 그들 대부분은 일본의 학생과 젊은이들이 재일 한국·조선인에 대해 갖는 차별의식이나 멸시관을 극복하기 위해 한국사를 어떻게 가르치면 좋을까 하는 문제의식을 가지고 있었다. 그들이 다룬 내용은 일본의 한국 침략사, 한국의 민족 저항사, 일본과 한국 사람들의 우호 연대사였다. 오랜 세월에 걸친 실천을 통해서 이들이 절감한 것은 한국사를 가르칠 때 무엇보다 중요한 것은 그 사회와 문화의 주체적인 발전을 가르쳐야 한다는 것이었다. 그렇지 않고서는 학생들이 가지고 있는 한국에 대한 편견을 없앨 수 없다는 반성을 하게 되었다. 이 반성을 토대로 새로운 한국사 학습의 방향을 만드는 데도 공동 역사 교재 작업은 안성맞춤의 기획이었다.

이 책은 한국과 일본의 관계사, 교류사에 그치지 않고, 각각의 사회와 문화에 대한 기술도 많은 부분을 차지하고 있다. 그 이유는 이웃나라에 대한 이해를 깊게 하고 서로의 개성을 존중하고 인정하며, 대등한 존재로서 존중할 수 있는 관계를 만드는 것을 지향하기 때문이다. 관계사와 교류사만으로는 상대국 역사 발전의 독자성을 이해할 수 없다. 왜냐하면 자국과의 관계나 자국의 기준으로 상대를 보기 때문이다. 또 한국과 일본의 관계를 주제로 하는 경우에도 두 나라의 관계에 그치는 것이 아니라 동아시아 전체의 움직임 속에서 살펴보려고 한 것도 자국 중심의 역사관에서 탈피해 더욱 넓은 시야에서 역사를 다시 파악하기 위한 것이다.

이 책의 집필을 담당한 것은 역사 전문 연구자들이 아니고 초ㆍ중ㆍ고등학교의 역사 교사이다. 우리들은 주제 설정, 기술 내용을 결정할 때 역사학 연구를 토대로 하면서, 학생과 젊은이들이 객관적인 역사 인식ㆍ한국 인식ㆍ일본 인식을 하기 위해 현실을 파악하고 그 왜곡을 개선할 수 있도록 했다. 바로 이 점이 이 책의 가장 큰 특색이라고 할 수 있다.

일본의 학생과 젊은이 들은 한국에 대한 흥미와 관심이 그다지 많지 않으며 한국사도 대부분 모른다. 최근 한류 붐이 한창이라 조금 나아지기는 했지만 아직도 일본의 학생이나 젊은이는 구미에 대한 관심이나 동경을 훨씬 더 많이 가지고 있다. 한국은 매력이 없으며, 국제 무대에서도 인정받을 수 있는 힘을 가지고 있지 않고 일본 젊은이들과 별로 관계가 없는 나라로 받아들이고 있는 것이다. 이런 학생이나 젊은이 들이 한국사를 배우려고 할 때 무엇이 중요할까? 그것은 이웃나라로서 역사적으로 관계가 깊고 일본에 큰 영향을 끼쳤다는 것을 아는 것, 더 나아가 한국의 문화나 인물에 대한 독자적인 매력을 느끼고 받아들일 수 있는 내용을 풍부하게 준비하는 것이다.

그러나 일본의 현재 역사교육을 보면 그렇지가 않다. 역사교육에서 다루는 것은 한국은 단지 정치 제도나 사상, 종교 방면에서 중국 문화의 가교 역할을 해왔다는 것이고, 한국 문화의 독자성에 대해서는 잘 다루지 않는다. 또한 대륙 문화라는 말로 뭉뚱그려서 중국과 한국을 확실하게 구별하지 않는 경우도 있다.

한국에 대한 친밀감을 가지게 하기 위해서는 일본과 공통되는 부분에 주목하게 하는 것도 좋다. 그러나 더욱 큰 흥미를 가지게 하기 위해서는 내 것과 다른 것의 매력을 알 수 있도록 하는 것이 무엇보다 중요하다. 용모가 일본인과 비슷해서 같은 아시아인으로서 한국인에게 친밀감을 느끼는 일본인도 생활 습관이나 가치관의 이질적인 부분과 부딪치게 되면 적대시하거나 멸시하고 그것을 허용하지 않는 일이 종종 일어난다. 이질적인 개성을 받아들이는 태도가 국제 사회에서 우호 관계를 만들어 가는 데 무엇보다도 중요하다.

한국을 생각할 때 일본 학생과 젊은이들이 결여되어 있는 또 하나의 중요한 점은 일본에 의한 식민지 지배가 한국 사람들의 민족적 자긍심에 상처를 주고, 그들을 괴롭혀 왔다는 사실을 전혀 모르고 있다는 것이다. 말하자면 한국인들이 겪은 역사에 대해 한국인들이 어떻게 느끼는지 그 심정을 이해할 수 없다는 것이다. 물론 침략 사실은 전근대사보다 근현대사가 더 많은데 여기에서는 전근대의 것만 다루었다.

한국의 역사와 문화를 제대로 아는 것은 일본의 역사를 한층 상대적이고 객관적으로 생각할 수 있게 한다. 이것은 학생과 젊은이 들에게만 소중한 것이 아니라 우리 교사들 자신에게도 소중한 것이다. 우리는 이것을 공동 교재를 만드는 공동 작업을 하면서 배울 수 있었다.

한국의 역사 교사와 공동 작업을 하면서 우리들이 배운 것은 이것만이 아니다. 원고 검토를 하면서, 그리고 주제 설정 방식에 대한 논의를 거듭하면서 다양한 역사적 시각이 있다는 것을 알았고, 자신의 역사 인식을 재점검해 볼 수 있었다는 것은 하나의 큰 성과였다. 그것은 왜구라든가 도요토미 히데요시의 조선 침략 등 일한 관계사만이 아니고 한국 사회와 문화에 대한 이해 방식을 비롯해 일본 무사의 성격이나 천황과의 관계, 일본의 불교나 유교를 어떻게 설명하면 좋을까 하는 문제까지 아주 다양했다.

역사 해석이나 역사를 파악하는 방식에는 한국인·일본인을 불문하고 다양한 의견이 있다. 그러나 이 책은 각 주제를 집필자가 자유롭게 쓴 것이 아니고, 모든 집필자가 서로의 솔직한 의논을 통해서 일치한 견해를 기술하기로 했다. 그래서 서로의 의견이 충돌되어 많은 시간이 걸렸다. 그 결과 왜구에 대해서는 서로 다른 의견을 각각 기술하기로 했다. 각각의 견해가 다르다는 것은 그 주제 자체의 역사적 해석이 옳은가 아닌가 하는 문제가 아니었다. 현재 그것을 해석하는 우리들이 추구하는 바가 다르기 때문에 생기는 것이었다. 그 사회가 무엇을 추구하느냐에 따라 역사 인식·사회 인식을 달리한다는 것이다. 당연히 한국과 일본의 당면 과제가 다르면 역사 해석도 달라진다. 앞으로 두 나라의 당면 과제가 일치하면 역사 해석도 같아질지 모른다.

이처럼 두 나라의 의견이 일치하지 않았다고 해서 이 공동 작업이 의미가 없는 일이었다고 할 수 없다. 상대와의 우호와 공존을 위해 상호 의견의 다름을 인식하고 서로 인정하는 것이 필요하기 때문이다. 한국과 일본의 학생들이 놓인 현실과 직면하는 과제가 다르다는 것을 이해하기까지는 교재 작성 작업과 병행해 진행한 4회에 걸친 수업 실천 교류의 심포지엄이 큰 역

할을 했다. 서로를 지속적으로 이해하기 위해 앞으로도 수업 실천 교류를
계속해야 할 것이다.

　한국과 일본은 동아시아라는 공통의 무대 위에서 각각 개성이 있는 사회
와 문화를 오랜 역사 속에서 만들어 왔다. 양자의 대등한 협력 관계를 강화
하는 것은 동아시아의 평화와 안정을 위해 반드시 필요하며, 대립과 분쟁은
서로를 불행하게 한다는 것을 과거의 사실을 통해 우리는 너무나 잘 알고
있다. 우리들의 이런 공동 작업은 서로를 잘 이해하고 동아시아 평화를 만
들어 가는 데 반드시 필요한 첫걸음이 될 것이다.

2006. 8.

역사교육자협의회 일한교류위원회

한일공동역사교재 편찬위원회

편집위원

한국 | 이인석(경기여자고등학교), 양정현(부산대학교 역사교육과), 최종순(도봉초등학교),
최현삼(중앙고등학교)

일본 | 미쓰하시 히로오(하나조노 중학교), 가스야 마사카즈(이바라키 대학),
히라노 노보루(치시로다이 히가시 소학교)

집필

한국 | 이경훈(삼척 임원중학교), 박성기(하남고등학교), 신병철(여의도여자고등학교), 강태원(대구
과학고등학교), 박범희(중앙고등학교), 한기모(구일고등학교), 김육훈(태릉고등학교), 문주
영(신도봉중학교), 전병철(조치원고등학교), 정행렬(도봉고등학교), 배성호(서울당산초등학
교), 박중현(양재고등학교), 빈수민(학남고등학교), 이인석(경기여자고등학교), 최종순(도봉
초등학교), 최현삼(중앙고등학교), 양정현(부산대학교 역사교육과)

일본 | 미쓰하시 히로오(하나조노 중학교), 가스야 마사카즈(이바라키 대학), 미야하라 다케오
(전 치바 대학), 호리구치 히로시(카와고에 미나미 고등학교), 시노즈카 아키히코(쓰크바
대학 부속중고등학교), 도리야마 다케오(아오야마 대학), 고마쓰 카쓰미(카와고에 여자고등
학교), 이바라키 사토시(조에쯔 교육대학), 우메자와 카즈오(치바 여자고등학교), 히라노
노보루(치시로다이 히가시 소학교), 우오야마 슈스케(테이쿄 고등학교)

번역 및 검토

한국 | 최종순(도봉초등학교), 박성기(하남고등학교), 연민수(한일관계사학회 회장),
서각수(서울예술고등학교), 현명철(경기고등학교)

일본 | 미쓰하시 히로오(하나조노 중학교), 히라노 노보루(치시로다이 히가시 소학교),
가스야 마사카즈(이바라키 대학), 오오즈 겐코(일한역사교육자교류위원)

자료 제공 및 출처

20장 | 자료3 『하야시 라잔(林羅山)』, 자료4 도쥬쇼인(藤樹書院)

22장 | 자료2 서강대학교 로욜라 도서관, 자료6 충북대학교 박물관

23장 | 자료1 소다(增田) 건축연구소, 자료6 http://www.archi-map.net,
　　　　자료7 시게모리 치사오(重森千靑), 자료8 『분재의 감정과 배양(盆栽の鑑定・培養)』

24장 | 자료1 박중현, 자료3~4 박중현, 자료6~9 박중현

25장 | 자료2 육군박물관, 자료3 고려대학교 박물관, 자료4 나고야 성 박물관, 자료5 빈수민

26장 | 자료1 사가 현립 나고야 성 박물관,
　　　　자료3 『아틀라스 한국사』 참조, 자료4 『동아시아 속의 한일 2천 년사』 참조,
　　　　자료5 『조선시대 사람들은 어떻게 살았을까』2 참조

27장 | 자료2 『생원진사시연구』(송준호) 참조, 자료3 국립중앙박물관,
　　　　자료5 경주 최씨 정무공 종택 소장

28장 | 자료1 히메지 시, 자료4 국제일본문화연구센터

29장 | 자료1 『조선통신사』 참조, 자료2 『아틀라스 한국사』 참조,
　　　　자료3 세토우치 시청 우시마도 지소, 자료4 가쓰시카 후쿠사이 미술관,
　　　　자료5 동국대학교 박물관, 자료7 다카쓰키쵸 관음의 마을 역사민속자료관,
　　　　자료8 일본 국립역사민속박물관, 자료10 林原 미술관, 자료11 고베 시립박물관

30장 | 자료1 『한국생활사박물관 9권-조선생활관1』 참조,
　　　　자료3 그림-독일 게르트루드 클라센 박물관, 삽화-『우리네 농사연장』 참조,
　　　　자료4 지중근

31장 | 자료1 도쿠시마 현립박물관

32장 | 자료2 국사편찬위원회, 자료4 『아틀라스 한국사』, 자료5 『봉산탈춤』, 자료6 호암미술관

33장 | 자료1 일본 국립역사민속박물관, 자료2 교토 국립박물관,
　　　　자료3 와세다대학 연극박물관, 자료4 도쿄 국립박물관, 자료5 히라노 유키

34장 | 자료4 도쿄 국립박물관

35장 | 자료1 일본 류코쿠 대학 박물관, 자료2 서울대학교 박물관, 자료6 국립중앙박물관

화해와 공존을 위한 첫걸음
마주 보는 한일사 Ⅱ

2006년 8월 10일 1판 1쇄
2007년 2월 10일 1판 2쇄

지은이 | 전국역사교사모임(한국)·역사교육자협의회(일본)

편집 | 강창훈
디자인 | design Vita
제작 | 박흥기
마케팅 | 이병규, 최창호
홈페이지 관리 | 최영미

출력 | 한국커뮤니케이션
인쇄 | 코리아피앤피
제책 | 창림P&B

펴낸이 | 강맑실
펴낸곳 | (주)사계절출판사
주소 | (413-756) 경기도 파주시 교하읍 문발리 파주출판도시 513-3
등록 | 제 406-2003-034호
전화 | 031)955-8588, 8558
전송 | 마케팅부 031)955-8595 편집부 031)955-8596
홈페이지 | www.sakyejul.co.kr
전자우편 | skj@sakyejul.co.kr

© 전국역사교사모임(한국)·역사교육자협의회(일본), 2006

값은 뒷표지에 적혀 있습니다.
잘못 만든 책은 구입하신 서점에서 바꾸어 드립니다.

사계절출판사는 성장의 의미를 생각합니다.
사계절출판사는 독자 여러분의 의견에 늘 귀기울이고 있습니다.

ISBN 978-89-5828-186-3 03910